MANAGEMENT DE LA EMPRESA CONSTRUCTORA

PABLO SALMOIRAGUI

MANAGEMENT DE LA EMPRESA CONSTRUCTORA

LA GESTIÓN DEL CRECIMIENTO A TRAVÉS DE LA ORGANIZACIÓN DE LOS PROCESOS INTERNOS

deauno.com

Salmoiraghi, Pablo
Management de la empresa constructora: la gestión del crecimiento a través de la organización de los procesos internos. - 1a ed.
- Buenos Aires : Deauno.com, 2008.
124 p. ; 21x15 cm.

ISBN 978-987-1462-22-3

1. Management. I. Título

CDD 658.8

Primera edición

ISBN: 978-987-1462-22-3

Hecho el depósito que marca la Ley 11.723

Impreso en el mes de marzo de 2008 en
Docuprint, S.A.,
Buenos Aires, Argentina

*Dedicado a la ingeniera Rosana Zamin, mi esposa,
que pacientemente ha hecho
las infinitas correcciones de este libro.*

Índice

Prólogo

Si de algo puede estar seguro el director de una empresa constructora es del hecho que, tarde o temprano, la oportunidad de aumentar significativamente el volumen de negocios llegará inexorablemente. Es posible que esta situación se presente incluso en diversas ocasiones, después de todo, es lógico que los esfuerzos realizados para atraer y conservar clientes brinden sus frutos.

Una vez superada la euforia inicial de la firma del esperado "primer contrato importante", suele llegar la preocupación y la duda: ¿Cuento con la estructura suficiente como para realizar todo este trabajo?

Es asombroso cuán a menudo en la realidad empresarial de la pequeña y mediana empresa los empleados no cuentan con una idea clara de lo que sus jefes esperan de ellos, llevando a la organización al punto de requerir la intervención personal del director en todos los niveles de la misma.

Es justo a partir de ese momento que el empresario o director de la empresa comienza a experimentar la sensación de que el tiempo que dedica personalmente a la empresa no será jamás suficiente.

¿Cómo puede crecer una empresa constructora si *la empresa es una persona*? La respuesta es simple: no puede.

La acción compulsiva de aumentar el grupo de colaboradores no resuelve por si sola el problema. Se trata de transmitir a cada uno de los integrantes del grupo el concepto de *"qué se espera de cada uno de ellos"*.

Este libro pretende ser una guía para que el director de la empresa aprenda a transmitir a sus empleados cuáles son los *resultados finales esperados* de las actividades que ellos realizan, y para la creación de *sistemas y métodos de trabajo* para lograr esos resultados.

1
LA CULTURA DEL SECTOR

Las empresas de construcciones

Con el objeto de encuadrar la situación del mundo de la construcción, tenemos que focalizar brevemente la atención en los dos sujetos tradicionalmente operantes en el sector: Comitente (público o privado) y Empresa.

El objetivo del comitente es el de *recibir la obra* tal cual fue descripta en el proyecto ejecutivo y en las especificaciones técnicas. El objetivo de la empresa es el de *obtener el margen de contribución previsto* (MDC), a través de la realización de la obra antes mencionada. Definimos como *margen de contribución* de la obra a la diferencia entre los *ingresos* relativos al proceso de construcción (producción) y los *costos* previstos para llevarlo a cabo.

Tal como sucede en la mayoría de los procesos productivos, la *construcción* involucra una serie de servicios, adquisición y transformación de bienes, cuyos costos serán presupuestados por el empresario al momento de establecer el "precio de venta" que rinde factible la operación.

Por lo tanto tenemos que:

$$MDC = P - C$$

Los conceptos apenas enunciados, que en primera instancia asombran por su simplicidad, presentan muy a menudo una gran complejidad al momento de llevarlos a la práctica. A continuación se intentarán explicar algunas de las posibles causas.

Habitualmente, los proyectos de construcción se desarrollan en manera secuencial, es decir el comitente (a través del proyectista) realiza en primer lugar el proyecto, luego se selecciona la empresa constructora, y finalmente se procede a la construcción de la obra.

Frecuentemente, en el ambiente de la pequeña y mediana empresa constructora, observamos que el proyecto aprobado para la licitación o el concurso de precios, no tiene las características técnicas suficientes como para determinar con exactitud la forma, dimensiones o modalidad ejecutiva de la obra a realizar. La consecuencia de este hecho es que el precio del contrato, definido como *fijo e invariable* en los textos contractuales, viene variado de manera reiterada durante la fase de ejecución del la obra como consecuencia del "completamiento" o "redefinición" del proyecto por parte de los proyectistas.

Ante un escenario como el descrito anteriormente, un comportamiento del empresario indiferente respecto a la presupuestación y control de producción y costos, resultaría en cierta medida justificado por considerarse una mera pérdida de tiempo y energías.

Por otra parte, no resulta extraño en el mismo contexto, observar situaciones en las cuales, ante un proyecto completamente definido y realizable, el empresario intenta introducir cambios y "aparentes mejoras" al mismo , con el objeto de obtener recursos que cubran sus "costos imprevistos" o la carencia completa del análisis de los mismos en fase de licitación. El recurso de definir *nuevos precios* y los *adicionales* constituyen la práctica cotidiana y no la excepción en esta franja de mercado, y muchas veces el principal origen de controversias entre el comitente, la empresa y los proyectistas.

Con respecto a la empresa, la consecuencia inmediata de un comportamiento como el antedicho es el pobre desarrollo gestional de la misma. En efecto, toda empresa que intente realizar un "salto de calidad", sea para consolidarse en su sector, o bien para incursionar en mercados más desarrollados, deberá invertir en capacidad organizativa para poder definir con precisión los costos de construcción en fase de previsión y controlar los costos y tiempos en fase de ejecución.

Tenemos por lo tanto que el comportamiento típico de la empresa poco o nada organizada es el siguiente:

1. Adjudicación de la obra sobre la base de un *proyecto incompleto*
2. Introducción de variaciones y costos adicionales
3. Redefinición técnica de la obra. Nuevo equilibrio del contrato

En efecto, las empresas del tipo descrito anteriormente evalúan la obra en función de la posibilidad de introducir cambios y ajustes en lugar de estimar adecuadamente costos, recursos y tiempos de ejecución. Como hemos precedentemente puntualizado, la consecuencia de este proceder es la de impedir el crecimiento organizativo y cultural de la empresa.

Como consecuencia del aumento de competitividad en el sector de la proyectación y el mayor conocimiento de la industria por parte de los comitentes, es cada vez mas frecuente encontrar que el proyecto contiene características verdaderamente ejecutivas y que los pliegos de licitación limitan jurídicamente cada vez más a la empresa en su posibilidad de *generar variaciones* al mismo en su propio beneficio.

Nos encontramos en un período de transición en el cual las expectativas que el comitente tiene respecto al proceso de proyecto y construcción, son cada vez más altas. *Solo las empresas que realicen un salto cualitativo en lo que respecta a su organización podrán mantenerse activas en el sector.* Este hecho, que inicialmente puede parecer una amenaza, constituye el *elemento clave* para el crecimiento competitivo de las empresas.

En la presente obra, se propone una metodología para la implementación de un eficaz sistema de **control de gestión** de las empresas de construcciones, es decir la implementación de *"un sistema que nos permita guiar la gestión de la empresa hacia los objetivos establecidos y nos brinde un método para evaluar la performance de la misma".*

En lo particular, los capítulos sucesivos tratan de cómo concretizar el objetivo global de la empresa (obtención del Útil), mediante el cumplimiento de los objetivos locales (márgenes de contribución individuales de las obras).

Este procedimiento nos permitirá calcular el margen de contribución efectivo de las obras en una determinada secuencia temporal, como para permitir la toma de decisiones de índole correctiva.

La nueva manera de proceder de la empresa deberá por lo tanto ser del siguiente tipo:

1. Adjudicación de la obra.
2. Planificación de tiempos, costos y recursos. Control de los mismos durante la obra.
3. Acciones correctivas para mantener la calidad y el margen de contribución.

Es justo aclarar, que no solo la carencia de **proyectos completos** o la intencionalidad de la empresa en generar cambios a su favor, han influenciado el tardío desarrollo organizativo de la empresa de construcciones.

En particular nos encontramos en un sector industrial en el cual:

- Cada producto es un prototipo
- La "fábrica" cambia de ubicación permanentemente
- Muchos de los recursos cambian de acuerdo a la ubicación de la unidad productiva
- La producción depende de las condiciones climáticas

Tales complejidades han impedido el desarrollo de una cultura de control de gestión, principalmente en la pequeña y mediana empresa, la cual tradicionalmente ha concentrado sus esfuerzos en la fase productiva y no en la organizativa.

La mayor conciencia que la empresa adquirirá a través de una real planificación y control de costos de sus proyectos, sean ellos costos directos referidos individualmente a cada obra, sean ellos costos generales relativos a la organización necesaria para el funcionamiento de las mismas, llegará a influenciar al sector de la construcción, caracterizado cada vez más por tener márgenes reducidos y mayores exigencias de calidad de parte de los comitentes.

Si bien es necesario saber estimar correctamente los costos y conducir los trabajos con la mejor organización para obtener el margen de contribución, es también fundamental evitar la confusión de roles entre la empresa y el comitente.

La ejecución de las obras sin respetar los términos del contrato (por ejemplo siguiendo simplemente indicaciones de la dirección de obras sin el conocimiento y la aceptación de parte del comitente) no pueden ser aceptables con el esquema de conducción propuesto, ya que no comprende la fase final de "ajuste y re- equilibrio" del contrato.

El control de gestión y el *"value engineering"*

En el punto anterior hemos presentado los motivos por los cuales cuando se efectúa un proyecto con la modalidad secuencial tradicional es imprescindible el uso de las técnicas de control de gestión. Veremos como las mismas resultan aún más necesarias cuando se ejecuta un proyecto de la manera que se expone a continuación.

Existen modalidades de gestión de proyectos que incentivan el "intercambio de información" entre el proyectista y la empresa constructora con la finalidad de realizar una obra con características técnicas y económicas más convenientes para el comitente.

En efecto, si bien es cierto que el objetivo primario de la empresa de construcciones es la obtención del margen de contribución, también es verdad que la misma generalmente posee mayor experiencia en técnicas constructivas que el mismo proyectista, y por lo tanto el aporte de la empresa bajo la forma de "sugerencias técnicas-constructivas" puede significar un importante ahorro en el costo total de la construcción.

El dilema que debe resolver el comitente es cómo obtener la "colaboración constructiva" de la empresa sin que esto signifique que la misma vea este hecho como una oportunidad de modificar el proyecto para su exclusiva conveniencia.

El propósito del *value engineering*, es el de mejorar el *proyecto ejecutivo* incentivando a la empresa a efectuar sugerencias. Si en cualquier momento de la vida del proyecto, luego que le fue adjudicada la obra, la empresa siente que puede aportar sus conocimientos para mejorar el proyecto ejecutivo en términos de costos o tiempo, la misma recibe una compensación económica para efectuarlo. Es necesario aclarar que la intervención de la empresa tiene el objeto de *mejorar* el proyecto, no de *completarlo*.

La modalidad en que se efectúa la compensación a la empresa, varía de caso en caso.

En la legislación de obras públicas de ciertos paises europeos (véase Italia, Ministero dei lavori pubblici art. 11 DM 145/2000) se contempla el concepto de "propuesta de variante mejorativa" que establece que, del total del ahorro que obtiene el comitente, producto de la iniciativa de la empresa, el 50 % lo recibe la empresa como recompensa a la propuesta mejorativa.

Siempre en el contexto de la legislación italiana, este tipo de propuestas puede formularse exclusivamente cuando la misma mejore las características funcionales del proyecto original, y los plazos de obra permanezcan como mínimo, inalterados.

De todos modos no se debe perder de vista que la intervención del comitente es siempre necesaria para la materialización de estos mecanismos ya que es el comitente quien deber autorizar la propuesta.

Vemos cómo el concepto de *value engineering* presenta un desafío aún mayor a la empresa constructora en términos de capacidad de control de gestión: no solo debe estar en grado de gestir los parámetros que influencian el MDC sobre la base de un proyecto fijo, sino que debe ser también capaz de hacerlo presentando propuestas que mejoren el proyecto desde el punto de vista técnico-económico al comitente.

En resumen, en el sector de la construcción, lograr la satisfacción del cliente mediante la reducción del *precio* del bien que se esta ofreciendo (la obra) tiene un límite determinado por el costo efectivo de la empresa más su margen de contribución, mientras que el límite al superamiento de las expectativas del cliente mediante el mejoramiento del producto (valor), es infinito.

Es conveniente sin embargo, que este proceso sea visto como dos niveles distintos de "habilidad gestional de la empresa", es decir, es necesario primero ser capaz de efectuar con eficiencia el control de gestión en un ambiente fijo, para luego incursionar en las técnicas que permiten presentar al comitente propuestas mejorativas y de esta forma "superar las expectativas" del mismo respecto al producto (la obra) que le estamos construyendo.

El presente libro, si bien representa un manual de principios generales aplicables a todas las tipolgías de empresa, intenta convertirse en una guía para el desarrollo de la capacidad técnico-económica de las empresas operantes en el sector de la construcción.

La instauración de un sistema de control de gestión, es la resultante de una forma de conducción del tipo industrial que permite al manager percibir con suficiente anticipación el resultado económico del proceso productivo, en este caso, la construcción de una obra.

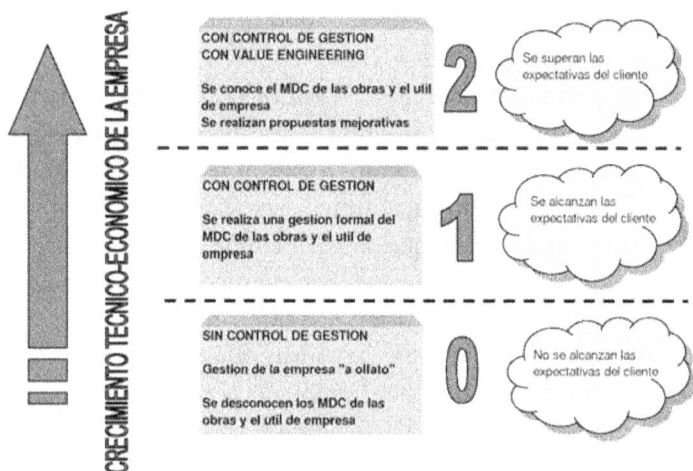

Fig. 1.1: Crecimiento técnico-económico de la empresa

La excelencia

La consolidación de una empresa de construcciones en el mercado está en estrecha relación con la totalidad de factores de éxito que la misma es capaz de desarrollar.

Se entiende como excelencia de la empresa, la capacidad que ella tiene de *responder y superar* las expectativas de sus clientes y a la de ser *inmune* a los ataques de la competencia y a la variabilidad del entorno.

La excelencia es una consecuencia directa de la *experiencia*, *eficacia* y *eficiencia*.

La *experiencia* es válida solo si tiene lugar simultáneamente a un adecuado nivel de conciencia de la misma. En otras palabras, los datos del pasado no tienen valor si los mismos no son consultables fácilmente a través de un sistema lógico de ordenamiento de la información que nos permita saber con **cuales** datos contamos y **dónde** los tenemos almacenados.

La *eficacia* representa la medida en la cual son alcanzados los objetivos propuestos. La misma presenta un carácter absoluto, (sea el mismo de carácter cuantitativo o cualitativo).

Utilizando los datos almacenados en nuestra base de información, por ejemplo los costos efectivos y la producción real de un trabajo en particular, podremos verificar nuestra eficacia en el alcanzar el margen de contribución previsto.

La *eficiencia* determina la relación entre los objetivos cumplidos y los recursos que fueron necesarios para alcanzarlos.

El capitulo "Herramientas para mejorar la eficiencia" explica técnicas para reducir los recursos necesarios para la gestión de las actividades típicas del management de la empresa de construcciones.

2
HACIA UNA NUEVA GESTIÓN DE EMPRESA

La implementación del control de gestión

La implementación de un sistema de control de gestión necesita de la intervención de la mayor parte de la organización de la empresa y de un gran esfuerzo inicial sea del área administrativa, del área técnica como de la dirección de la misma. La típica empresa de construcciones está estructurada en dos áreas: técnica y administrativa.

La mayor parte de las veces, y especialmente en la pequeña y mediana empresa, las mismas se comportan con marcada indiferencia una respecto de la otra. Esta actitud deriva de ciertas incomprensiones de tipo "semántico", es decir originadas por el distinto significado real que pueden tener los términos en un contexto o en el otro (por ejemplo una *orden de compras* para el área técnica es el inicio de un proceso que culminará con la llegada de un recurso a la obra. Para el área administrativa representa el inicio de un proceso contable).

Otras formas de incomprensión radican en las distintas escalas de valores que rigen implícitamente en el área técnica y en el área administrativa. Estas escalas de valores están muy a menudo ligadas con el "sistema de premios" por el cumplimiento de objetivos vigente en cada una de las áreas.

La intervención de la Dirección de la empresa con el objeto de analizar este sistema de "recompensas" constituye un paso fundamental para disolver fuentes potenciales de problemas y alimentar objetivos comunes.

En la figura 2.1 observamos las principales tareas que son de responsabilidad de cada área, juntamente con los documentos utilizados por ellas.

Area tecnica	Area administrativa
Responsabilidades	**Responsabilidades**
Ofertas	Contabilidad general
Compras / subcontratos	Redaccion del balance
Provision de materiales	Calculo de sueldos
Relacion con subcontratistas	Gestion del RRHH
Certificados	Gestion financiera
Recoleccion de costos de obra	Relaciones con los bancos
Documentos manejados	**Documentos manejados**
Computo metrico	*Remitos*
Lista de recursos	*Facturas*
Inventario de equipos y materiales	*Reporte de mano de obra*
Remitos	Resumenes de CC bancaria
Facturas	
Reporte de mano de obra	
Ordenes de compra	

Fig. 2.1: Áreas de la empresa constructora

Observamos también los documentos compartidos por ambas áreas.

De lo descrito anteriormente se deduce que sin lugar a dudas el primer paso a realizar es la creación de una "sinergía" indispensable entre las dos áreas, desarticulando las barreras que las separan. La designación de una *tercera área* o de un responsable común que "incentive" el intercambio de información se presenta como una importante alternativa para tener en consideración.

La centralización y el convencimiento del management de las ventajas que traerá el proceso formativo debe ser garantizada. Es por ello que sería oportuna la intervención directa de la Dirección de la empresa, especialmente en los primeros tiempos.

Es necesario también considerar, que los proyectos de reestructuración que nacen desde los altos niveles de responsabilidad, si bien pueden resultar teóricamente perfectos, si lo mismos no cuentan con la participación del grupo, resultan ejercicios de teoría incontrolada y terminan siendo abandonados.

Es por ello que es necesario crear una "visión común" generando un ambiente que favorezca la motivación y por lo tanto el proceso de aprendizaje a través de:

• Darle a cada integrante del grupo un papel activo
• Puntualizar que el control de gestión es una "herramienta" para la toma de decisiones y no un instrumento de "inspección"

Por ejemplo, la implementación de un sistema analítico de clasificación de datos de costos, una vez en funcionamiento no debería significar mayor trabajo para el departamento contable, ya que dichos datos están seguramente siendo contabilizados en una cierta manera. Cambia solamente la forma de imputación.

En efecto, en una primera etapa ciertas secciones de las áreas técnicas y/o administrativas verán aumentada su carga de trabajo, y es por eso que los objetivos deben ser dimensionados de forma tal que no terminen por desmoralizar a los integrantes del grupo.

Es importante al inicio fijar objetivos suficientemente realizables y que aporten algún resultado concreto al corto plazo para elevar el grado de adhesión del equipo.

El Útil de empresa y el Margen de contribución de la obra

Tal como se menciona en el capítulo anterior, el objetivo de la empresa se centraliza en la obtención del margen de contribución (MDC), pues éste además de generar los recursos para soportar los costos de las actividades comunes a todas las obras (también llamados costos de la estructura o costos generales de empresa), brinda el beneficio que el empresario espera obtener como recompensa por el riesgo de la inversión del capital.

Fig. 2.2: Útil de empresa

Podemos decir entonces que el *Útil* de la empresa de construcciones es la sumatoria de los MDC de cada una de las obras que ella esta ejecutando, una vez descontados los costos de la estructura.

Desde este punto de vista, resultaría impropio referirse a "la ganancia" o útil de la obra, mientras que si podemos definir el "útil de empresa". Cada una de las obras contribuye al Útil de manera distinta e individual.

Es por esto que, entre las funciones del dirigente de la empresa de construcciones, ocupa un lugar preponderante el control periódico da cada uno de los MDC correspondientes a las obras en curso y la verificación de si éstos son suficientes para sostener la actividad de la empresa.

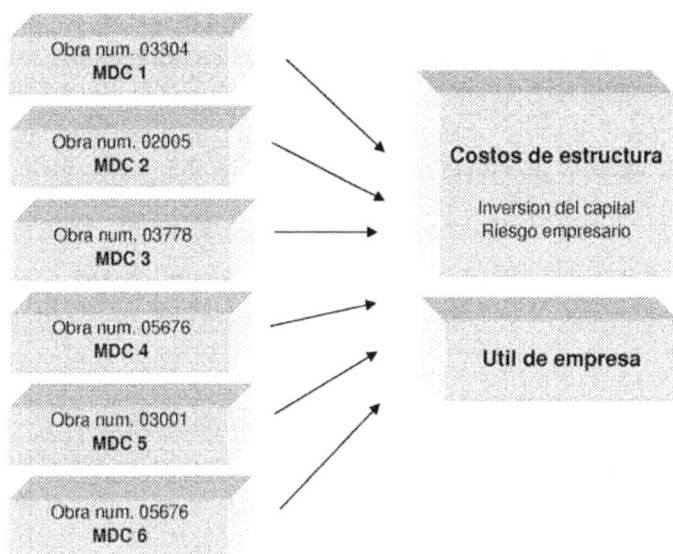

Fig. 2.3: Composición del MDC de la empresa

Los primeros pasos que debería realizar el dirigente de la empresa para controlar la relación entre el MDC y la producción serían:

- Determinar los costos de la estructura

Éste es un dato relativamente fácil de obtener en la administración de la empresa (sueldos, alquiler de la sede, intereses pasivos, honorarios profesionales, etc.); si en el año en curso no se han verificado cambios sustanciales, este dato puede ser fácilmente definido a partir del ejercicio del año anterior.

- Comparar el costo de la estructura con la producción

Supongamos que el costo de la estructura sea de $ 100.000 anuales. Si el MDC medio estimado para las obras es del 14 % (este dato se establece a título ejemplificativo ya que el MDC será distinto para cada una de las obras y vendrá calculado más adelante), la **producción mínima** para mantener los costos de la estructura es de:

Producción mínima = Costo de estructura / MDC

En nuestro ejemplo:
100.000 / 0,14 = $ 714.285

Es necesario verificar, por lo tanto, que en el año se alcance una producción de importe mayor o igual al hipotizado anteriormente.

Se trata ahora de llegar al **MDC total** a partir de los **MDCi** de cada una de las obras.

Como en toda actividad de dirección, una de las primeras tareas a realizar es la de establecer con claridad cuales son las personas que, al desarrollar sus actividades diarias, toman decisiones que influencian el MDC de cada una de las obras. Se trata de identificar al "responsable de obra" o el "gerente de proyecto" dependiendo de en que realidad empresarial estemos situados.

En rigor, para cada una de las obras deberíamos recopilar la siguiente información:

- Identificación de la obra (nombre o código).
- Responsable de la obra al interno de la empresa.
- Monto contractual (comprendiendo las variaciones de obra aprobadas).
- Plazo total contractual.
- Suspensiones o prórrogas.

Con esta información podemos ordenar en manera tabular nuestros datos como se muestra en la figura 2.4.

Obra	Responsable	Importe contractual	Plazo de contrato	Prorrogas	Fecha de entrega
Codigo	Nombre	Euros	Dias	Dias	dd/mm/aa
003234	Luis Diaz	€ 425,00	420		30/10/2005
003894	Andrea Doria	€ 228,00	250		30/06/2005
003256	Andrea Doria	€ 343,00	360		10/09/2005
002198	Pablo Santos	€ 756,00	600	30	30/11/2006
003235	Federico Lobos	€ 97,00	90		25/08/2005
003272	Camilo Reyes	€ 492,00	400	60	30/09/2005
004956	Luis Diaz	€ 198,00	300		30/10/2005
	Total	€ 2.539,00			

Fig. 2.4

La información presentada en los capítulos sucesivos trata entre otros aspectos de cómo determinar el MDC de las obras.

Antes de continuar es preciso fijar unos conceptos fundamentales referidos al mismo:

Llamamos **MDCfinal** al margen de contribución final de la obra, o sea la diferencia entre el valor de la producción final menos los costos totales de la obra.

El **MDCparcial** es el margen de contribución parcial correspondiente a un instante determinado, es decir la diferencia entre la producción ejecutada hasta un determinado momento menos el total de los costos sostenidos para lograr esa producción.

Es importante resaltar la importancia que representa el hecho que, cuando nos referimos a "los costos necesarios para ejecutar una determinada producción" no estamos haciendo ninguna referencia temporal, si no que estamos refiriéndonos a los costos directamente relacionados con la producción ejecutada. Este concepto será tratado con mayor profundidad en el capítulo Control de Gestión.

Resulta claro entonces que el valor de MDCparcial es variable a lo largo de la obra fluctuando de acuerdo a la parte de la obra que estemos ejecutando. Nuestro objetivo será precisamente lograr que el MDCfinal resulte al menos igual al MDC previsto al momento de la presupuestación.

Si llamamos **MDCi** al margen de contribución **parcial para un momento determinado "i"**, el MDCi se obtendría de restarle a la producción acumulada Pi los costos relativos a esa producción Ci.

Ejemplo: El margen de contribución al 31 de Marzo (MDC3) se obtiene de comparar la producción efectuada hasta el 31 de Marzo con los costos sostenidos para ejecutar P3, es decir: C3.

$$MDC3 = P3 - C3$$

Puede suceder que al inicio de la obra el MDCi sea negativo. Esto se debe a la "inercia" que necesita vencer la empresa para iniciar la producción (gastos de instalación y preparación de obra), por lo que los costos iniciales son superiores a la producción. Este hecho se verifica en los casos en los cuales los costos de instalación vienen contractualmente compensados a través de los precios unitarios de los ítems de producción; es decir: no existe en el contrato un ítem para la "instalación de obrador" o "provisión e instalación de cerco de obra…", etc., si no que la compensación de dichos costos se obtiene a través de los restantes precios del contrato.

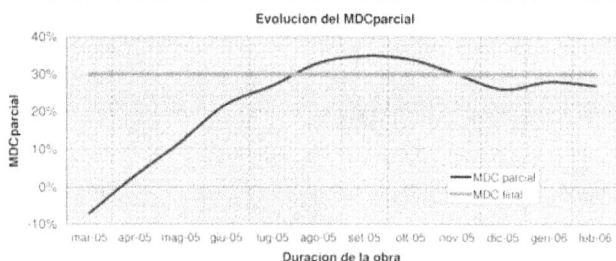

Fig. 2.5

Puede ocurrir que durante el transcurso de la obra estemos ejecutando tareas para las cuales el margen sea mínimo o negativo, "la parte fea" de la obra, esto explicaría una posible disminución del MDCi.

La clasificación de costos adoptada

En la industria de la construcción es habitual utilizar la clasificación de costos lo más simple que sea posible. Los mismos se clasifican en tres categorías principales:

Costos directos: son todos los que tienen una relación directa con la actividad productiva. Se adopta exclusivamente a la mano de obra y los materiales, alquiler de maquinaria especificas, subcontratos, etc.

Costos indirectos: son aquellos que, si bien son imputables directamente a la obra puesto que son imprescindibles para la realización de la misma, no forman parte de los materiales y mano de obra.
Principalmente son:

- Energía, agua.
- Seguros.
- Honorarios técnicos.
- Materiales varios de consumo en obra.
- Amortización de equipos de la obra.
- Alquiler de grúa, andamios, etc.
- Limpieza de la obra.
- Etc.

Costos generales: También llamados costos de estructura. Son todos aquellos que no pueden ser imputados directamente a una obra pues están relacionados con todas y cada una de ellas.

Forman parte de estos los sueldos del personal, alquiler o amortización de oficinas, gastos de oficina, honorarios legales, contables, etc.

Como se deduce de la clasificación anterior, para la determinación del **Margen de contribución**, serán considerados los costos directos y los costos indirectos. Para la obtención del **Útil** de empresa serán considerados los costos generales o de estructura.

3
LA PRODUCCIÓN

La composición analítica del contrato

Hemos visto, cuando se analizaban las características propias del sector de la construcción, que en la mayor parte de los casos el producto a realizar es siempre un "prototipo", es decir un producto que construiremos solo una vez en la vida. En la industria en general, existe el concepto de *unidad de producción*. La empresa genera útil produciendo determinadas cantidades de estas *unidades de producción* y por lo tanto podemos decir que a mayor cantidad de unidades producidas, la empresa genera más útil.

Evidentemente el control de las "cantidades producidas" en la unidad de tiempo es un dato de gran relevancia para la empresa.

Por otro lado, cada unidad producida tiene un costo asociado. La empresa tiene, por lo tanto, permanentemente la posibilidad de comparar los costos reales en los que ha incurrido para producir una determinada cantidad de unidades con aquellos que han sido presupuestados para ese fin.

En la construcción de una obra esto no funciona de esta forma ya que se trata de *una sola unidad de producción realizada por única vez*. Sería absurdo (aunque si bien es muy frecuente) esperar la finalización de la construcción de una obra para verificar si la producción efectuada en la misma es la que fue prevista, y si los costos han sido comparables a los presupuestados para ella.

La solución a este problema la encontramos en la subdivisión de la obra en pequeñas partes las cuales cumplirán el rol de *unidades de producción*. A estas pequeñas partes le asignaremos un costo previsto.

De esta manera, podremos controlar la cantidad de producción efectuada simplemente computando las partes realizadas, y podremos establecer los costos de producción previstos para esa producción, acumulando los costos individuales que hubiéramos debido tener para ejecutar dichas partes de obra.

Este proceso puede asociarse al concepto de WBS (Work Breakdown System), es decir un sistema mediante el cual vamos a "desmenuzar" nuestro proyecto para poder controlarlo en el curso de la ejecución de la obra.

A esta subdivisión analítica de la obra a realizar, la llamaremos *composición analítica del contrato*.

El punto de partida para la determinación de la **composición analítica del contrato** es la realización del presupuesto de costos directos de la obra, al que llamaremos con el nombre de **presupuesto operativo**.

Aun tratándose de una oferta por **"ajuste alzado"**, en fase de estudio de la licitación presuponemos que viene realizado un cómputo de la obra, en el cual fueron determinados un conjunto de ítems de unidad de medida y para cada una de ellos fue computada una cantidad.

A estas cantidades fue asociado un costo unitario.

Nuestra tabla del presupuesto operativo tendrá el aspecto siguiente:

PRESUPUESTO OPERATIVO				
OBRA:				
FECHA:				
	U.M.	Costo U	Cantidad	Costo T
Trabajos preliminares				
Instalacion de obrador	unidad	2.350,00	1,00	2.350,00
Cerco de obra	unidad	450,00	1,00	450,00
Demoliciones				
Edificio existente	m3	7,50	750,00	5.625,00
Muro perimetral	m3	4,50	156,00	702,00
Movimiento de suelos				
Excavacion cocheras	m3	8,50	866,00	7.361,00
Excavacion fundaciones	m3	12,65	17,48	221,12
Reinterro con material drenante	m3	15,00	150,00	2.250,00
Estructura de H°A°				
Fundaciones	m3	157,50	15,50	2.441,25
Vigas de fundacion	m3	157,50	9,50	1.496,25
Columnas SS	m3	241,50	8,40	2.028,60
Columnas PB	m3	241,50	8,40	2.028,60
Columnas 1°P	m3	241,50	6,30	1.521,45
Columnas 2°P	m3	241,50	4,73	1.141,09
Columnas 3°P	m3	241,50	4,70	1.135,05
Columnas 4°P	m3	241,50	3,28	792,42
...				
...				
Mamposteria				
Pared perimetral esp. 0.30 m	m2	46,00	123,00	5.658,00
...				
...				
...				
TOTAL pesos				333.923,64

Fig. 3.1 Presupuesto operativo

Para el cálculo del costo unitario de cada ítem, utilizaremos la metodología de la determinación de los costos estándar.

El costo estándar de los materiales depende directamente de las características técnicas del mismo.

Esta información de costos de los materiales es generada por el departamento de compras de la empresa, y se fundamenta en el hecho que fue realizada una profunda investigación de precios y proveedores, seleccionando solo aquellos que están en grado de proveer los materiales con el nivel de calidad requerido en las especificaciones técnicas.

El siguiente paso es la determinación de las cantidades de materiales necesarias para ejecutar cada uno de los ítems del cómputo. Para realizar esto, es necesario considerar no solamente las cantidades técnicamente necesarias, si no también los desperdicios inevitables para efectuar el trabajo. Existe en el mercado suficiente información para la determinación de las cantidades "teóricamente necesarias". Es sin embargo tarea del computista, determinar incrementos en las cantidades producto de los desperdicios, de las cantidades mínimas que podrá entregar el proveedor, del transporte a la obra, etc.

A este punto, puede ser realizada la *"lista de materiales"*, que contiene todos los materiales necesarios para la ejecución de la obra, sus cantidades y sus costos unitarios.

Para la determinación del costo de la mano de obra, es necesario valerse de los tiempos estándar para la ejecución de cada una de las tareas y el costo efectivo de la mano de obra.

También para esta categoría existe suficiente bibliografía que nos permite determinar los tiempos estándar de ejecución. El computista, basándose en su experiencia, adaptará los mismos en función de los equipos utilizados para la ejecución de las tareas, los tiempos necesarios de mano de obra para transportar internamente los materiales en la obra hasta el lugar físico de los trabajos, etc.

En cuanto al costo unitario de la mano de obra, será provisto por el departamento de recursos humanos, en función del *costo total de empresa* del recurso humano que será empleado para los trabajos.

Una vez determinados los costos directos, se deberá pasar al cálculo de los costos indirectos.

A título ejemplificativo se describen los más frecuentes:

• Energía, agua.
• Transporte obradores, baños, depósitos.

- Seguros riesgos a terceros.
- Pólizas de caución.
- Honorarios coordinación de la seguridad.
- Honorarios estudios de suelos.
- Amortización de equipos de la obra.
- Alquiler de equipos (p.ej. grúa, andamios).
- Limpieza de la periódica de la obra.

Como fue explicitado anteriormente, estos costos se caracterizan por el hecho que aun siendo necesarios para la ejecución de los trabajos, su valor depende del tiempo de ejecución de la obra y no de las cantidades de trabajo ejecutadas.

De este hecho se podría deducir que, reduciendo el tiempo de realización de la obra al mínimo posible, los mismos deberían tener un comportamiento decreciente.

Como veremos, esta relación no es, en efecto, una función proporcional del tiempo, pues existen limitaciones técnicas y organizativas para la realización de lo expresado anteriormente. Se debe pensar que el hecho de aumentar el personal en la obra, puede traer como consecuencia mayores costos de coordinación técnica, gestión de materiales y administración del personal, o bien necesitar del alquiler de equipos suplementarios, etc.

A estos motivos deben agregarse dos elementos que tienen fundamental importancia:

- **La seguridad** en la ejecución de los trabajos disminuye notablemente a mayor presencia de personal en obra. Los costos relativos a la coordinación de los trabajos de acuerdo a las normas de seguridad e higiene tendrán sin duda una incidencia mayor.

- **La calidad** de las obras puede verse deteriorada debido a la excesiva presencia de personal y la superposición de tareas. Esto traerá mayores costos, por ejemplo, por el hecho de tener que reiterar la ejecución de trabajos "no conformes".

En la fase final del estudio de la licitación, y una vez definidos los costos generales de obra, y beneficio empresario, el precio total de la oferta viene determinado con la ecuación:

PRECIO DE LA OFERTA	=	COSTO DIRECTO + COSTO INDIRECTO	+	GASTOS GENERALES + BENEFICIO
INGRESOS DE LA OBRA		COSTOS DE LA OBRA		MDC DE LA OBRA

Fig. 3.2: Precio total de la oferta

Los gastos generales son un porcentaje de los costos de estructura de la empresa que estamos analizando, y por lo tanto se obtiene dividiendo dichos costos en la producción de la empresa. Por ejemplo si una empresa tiene un costo de estructura de $ 400.000 anuales y $ 2.000.000 de producción anual, la incidencia de los costos de estructura en la producción de la empresa sera del 20 %.

De la ecuación anterior, podemos definir el coeficiente

K = Precio oferta / Costo directo

La oferta que presentaremos a nuestro cliente tendrá la forma de la siguiente tabla, donde:

$$Pi = Ci \times K$$

	U.M.	Precio U	Cantidad	Precio T
OFERTA PRECIOS UNITARIOS				
OBRA:				
FECHA:				
Trabajos preliminares				
Instalacion de obrador	unidad	3.219,50	1,00	3.219,50
Cerco de obra	unidad	616,50	1,00	616,50
Demoliciones				
Edificio existente	m3	10,28	750,00	7.706,25
Muro perimetral	m3	6,17	156,00	961,74
Movimiento de suelos				
Excavacion cocheras	m3	11,65	866,00	10.084,57
Excavacion fundaciones	m3	17,33	17,48	302,94
Reinterro con material drenante	m3	20,55	150,00	3.082,50
Estructura de H°A°				
Fundaciones	m3	215,78	15,50	3.344,51
Vigas de fundacion	m3	215,78	9,50	2.049,86
Columnas SS	m3	330,86	8,40	2.779,18
Columnas PB	m3	330,86	8,40	2.779,18
Columnas 1°P	m3	330,86	6,30	2.084,39
Columnas 2°P	m3	330,86	4,73	1.563,29
Columnas 3°P	m3	330,86	4,70	1.555,02
Columnas 4°P	m3	330,86	3,28	1.085,62
...				
...				
Mamposteria				
Pared perimetral esp. 0.30 m	m2	63,02	123,00	7.751,46
...				
...				
...				
TOTAL pesos				457.475,38

Fig. 3.3: Composición analítica del contrato

Una vez finalizadas las tratativas con el cliente, se establecerá contractualmente un **Precio Total** de la obra en el caso de un contrato por ajuste alzado, o bien una serie de **Precios Unitarios** si se tratase de un contrato por unidad de medida, con el cual vendrá redefinido el coeficiente K.

Como se deduce fácilmente el coeficiente K y nuestro MDC están relacionados por la fórmula:

$$MDC = P - C \qquad\qquad MDC = C \times K - C$$

de donde $\qquad\qquad$ $MDC = C \times (K-1)$

A esta subdivisión de la obra en ítems y cantidades la llamaremos la *composición analítica del contrato*.

En resumen:

La *composición analítica del contrato* es un elemento de información fundamental, y debe ser realizado independientemente del tipo de contrato que vinculará a la empresa con el comitente, pues tiene dos funciones principales:

- *La planificación de los recursos* necesarios para la ejecución de la obra en términos de mano de obra, materiales y medios. En efecto, durante la realización de la misma serán computadas las cantidades a realizar de cada ítem con sus respectivas cantidades de materiales, medios y mano de obra.

- Nos permite controlar durante la obra el cumplimiento de la producción y de los costos previstos, es decir nos da la posibilidad de realizar el *control de gestión*. Con la subdivisión de la obra en *unidades de producción*, (los ítems y sus cantidades), podremos evaluar si la producción efectivamente ejecutada respeta la prevista, y si los costos reales se encuentran dentro de los límites establecidos en el presupuesto.

A diferencia de lo que ocurre desde el punto de vista contractual, para el análisis que estamos desarrollando en este momento, son tan importantes las cantidades computadas para cada ítem como los precios unitarios aplicados, aún en el caso que se trate de un contrato por ajuste alzado.

En efecto, la división de la obra en ítems y cantidades nos permitirá determinar el "volumen de producción" en el momento deseado y por lo tanto evaluar, entre otras cosas, si la producción efectiva ha cumplido las previsiones.

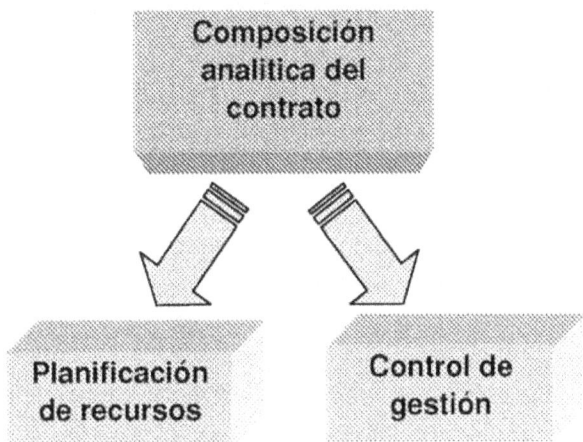

Fig. 3.4: Utilidad de la composición analítica

La reagrupación de la obra en fases

En la fase de preparación de la *composición analítica del contrato*, resulta útil definir el lenguaje común que se tendrá durante la ejecución de los trabajos para identificar las distintas partes de la obra. Con esta finalidad se realiza la **reagrupación de la obra en fases**.

La reagrupación en fases es una herramienta fundamental para la comunicación interna y externa de la empresa cuando se refiere a un proyecto.

El momento de creación de este lenguaje es en la etapa de presupuestación. Es preciso contar desde entonces con un lenguaje común para discutir la propuesta con los distintos departamentos de la empresa.

Durante la ejecución de los trabajos, además del aspecto comunicativo, la división en fases nos permitirá comparar costos y producción para cada una de ellas, y por lo tanto descender al nivel de detalle que sea necesario para analizar desvíos respecto de las previsiones.

La reagrupación en fases se realiza siguiendo criterios físicos, es decir definiendo distintas partes de la obra (por ejemplo: edificio principal, edificio secundario, trabajos externos, etc.) y/o criterios cronológicos, reagrupando las tareas según el orden de ejecución de las mismas (movimiento de suelos, fundaciones, etc.). La preponderancia de un criterio sobre el otro varía de acuerdo a las características de la obra.

La correcta determinación de las fases es una oportunidad única en el proceso de control de gestión pues nos servirá de apoyo para encontrar las eventuales causas de desvíos de costos o de tiempos.

En efecto, el costo previsto total y el tiempo de realización de una fase deben asumirse como "puntos fijos" o bien *milestones*, o sea elementos que nos permitirán realizar un **análisis parcial** del cumplimiento de plazos y costos.

En la medida que aumente el número de fases de nuestra obra, si bien aumentará la precisión del control de costos y producción para cada una de ellas, aumentará también la complejidad operativa, por ejemplo para imputar los costos relativos a cada una de ellas. Es por ello que es conveniente tener la menor cantidad de fases que sea posible.

En la tabla de la figura 3.5 observamos una posible reagrupación en fases para el ejemplo del cuadro anterior:

	Tarea	Fase
1	Instalacion de obrador	1
2	Cerco de obra	1
3	Demolicion de edificio existente	2
4	Demolicion de muro perimetral	2
5	Excavacion cocheras	3
6	Excavacion fundaciones	3
7	Reinterro con material drenante	3
8	Fundaciones	4
9	Vigas de fundacion	4
10	Columnas SS	4
11	Columnas PB	4
12	Columnas 1°P	4
13	Columnas 2°P	4
14	Columnas 3°P	4
15	Columnas 4°P	4
	...	
	...	
21	Pared perimetral esp. 0.30 m	5
22	...	5

	Fases
1	Trabajos preliminares
2	Demoliciones
3	Movimiento de suelos
4	Estructura de H °A °
5	Mamposteria

Fig. 3.5: Reagrupación en fases de una obra

Es importante aclarar que la reagrupación en fases debe realizarse siguiendo un criterio que respete el orden en que se realizará la construcción de la obra, y no solamente reagrupando tareas afines entre si.

En el siguiente ejemplo, se intenta aclarar este concepto.

Supongamos la construcción de una red de distribución de agua potable que comprenda la ejecución de:

1. Construcción de estación de bombeo.

2. Construcción de cañerias de agua potable desde la estación de bombeo hasta un depósito de reserva elevado. Un tramo de la misma será realizado en coincidencia con el trazado de una ruta nacional, mientras que el resto se construirá en terreno de campaña.

3. Construcción del depósito de reserva elevado.

4. Red de distribución de agua potable desde el depósito elevado hasta los usuarios finales.

Considerando las particularidades del proyecto, una posible reagrupación en fases seguiría el siguiente modelo:

Fases	
A	Estacion de bombeo
B	Cañeria tramo 1 (ruta nacional)
C	Cañeria tramo 2 (terreno de campaña)
D	Deposito de reserva
E	Distribucion

Fig. 3.6: Ejemplo de reagrupación en fases para la construcción de una red de distribución de agua.

Hemos dividido voluntariamente la construcción de las cañerías en las fases "B" y "C", ya que las tareas de construcción en coincidencia con la ruta nacional, requerirán la interrupción de la misma y por lo tanto serán realizadas durante un período determinado del año que no coincidirá necesariamente con el resto de los trabajos.

La realización del cómputo métrico de la obra, y por lo tanto la *composición analítica del contrato* seguirán la subdivisión en fases antes presentada.

De esta manera será posible dividir la producción total prevista de la obra en las cinco fases de la misma.

En el cuadro de la figura 3.7 vemos como se vería el resultado final.

Vemos cómo a partir de la presente agrupación en fases podemos realizar el análisis parcial del cumplimiento de plazos y costos para cada una de ellas.

COMPOSICION ANALITICA DEL CONTRATO				
OBRA:				
FECHA:				
	U.M.	Precio U	Cantidad	Precio T
A - Estacion de bombeo				
Instalacion de obrador	unidad	2.345,00	1,00	2.345,00
Cerco de obra	unidad	454,00	1,00	454,00
Excavacion fundaciones	m3	17,48	26,40	461,47
Vigas de fundacion	m3	124,50	12,50	1.556,25
Columnas	m3	224,70	4,50	1.011,15
Pared perimetral esp. 0.30 m	m2	123,00	78,98	9.714,54
...				
B - Cañeria tramo 1 (ruta nacional)				
Demolicion de pavimentacion existente	m2	6,87	6.476,00	44.490,12
Excavacion de zanjas	m3	19,56	10.690,00	209.096,40
Prov y colocacion de tubo PVC diam 125 mm	ml	127,89	5.342,00	683.188,38
...				
B - Cañeria tramo 2 (terreno de campaña)				
Excavacion de zanjas	m3	19,56	4.870,00	95.257,20
Prov y colocacion de tubo PVC diam 125 mm	ml	127,89	2.435,00	311.412,15
...				
D - Deposito de reserva				
Excavacion fundaciones	m3	17,48	22,30	389,80
Vigas de fundacion	m3	124,50	2,30	286,35
Columnas	m3	224,70	1,60	359,52
Tanque	m3	355,00	46,43	16.482,65
...				
E - Distribucion				
Excavacion de zanjas	m3	19,56	1.758,00	34.386,48
Prov y colocacion de tubo PVC diam 50 mm	ml	84,23	879,00	74.038,17
...				
TOTAL pesos				4.078.988,45

Fig. 3.7: Composición analítica del contrato del ejemplo de la figura 3.6

El plan de trabajos valorizado

A partir de la composición analítica del contrato y para cualquier momento de la obra, podemos determinar la producción realizada aplicando los precios unitarios a las cantidades efectivamente ejecutadas como se observa en la tabla de la figura 3.8.

			PRODUCCION PROGRESIVA AL 3/07/2005			
OBRA:						
FECHA:						
	U.M.	Precio U	Cantidad de proyecto	Cantidad al 3/07/2005	Produccion al 3/07/2005	Produccion residual
Trabajos preliminares						
Instalacion de obrador	unidad	3.219,50	1,00	1,00	3.219,50	-
Cerco de obra	unidad	616,50	1,00	1,00	616.50	
Demoliciones						
Edificio existente	m3	10,28	750,00	750,00	7.706,25	-
Muro perimetral	m3	6,17	156,00	128,00	789.12	172,62
Movimiento de suelos						
Excavacion cocheras	m3	11,65	866,00	866,00	10.084,57	-
Excavacion fundaciones	m3	17,33	17,48	17,48	302.94	-
Reinterro con drenante	m3	20,55	150,00	-	-	3.082,50
Estructura de H°A°						
Fundaciones	m3	215,78	15,50	15,50	3.344,51	-
Vigas de fundacion	m3	215,78	9,50	9,50	2.049.86	-
Columnas SS	m3	330,86	8,40	8,40	2.779,18	-
Columnas PB	m3	330,86	8,40	-	-	2.779,18
Columnas 1°P	m3	330,86	6,30	-	-	2.084,39
Columnas 2°P	m3	330,86	4,73	-	-	1.563,29
Columnas 3°P	m3	330,86	4,70	-	-	1.555,02
Columnas 4°P	m3	330,86	3,28	-	-	1.085,62
...						...
...						...
Mamposteria						
Pared esp. 0.30 m	m2	63,02	123,00	-	-	7.751,46
...						...
...						...
TOTAL AL 3/07/2005					30.892,43	426.582,95

Fig. 3.8: Tabla de producción progresiva

Observamos como en la tabla anterior inicia a aparecer la componente *tiempo* que hasta ahora no había sido prácticamente tenida en cuenta.

En efecto, la existencia de la columna **producción residual** nos lleva inexorablemente a la necesidad de una programación temporal de dicha producción.

La necesidad de proceder sistemáticamente a la programación de los trabajos está ligada, no solamente a la planificación de los recursos necesarios para ejecutarlas, sino principalmente a la previsión de la situación económica futura de la empresa en lo referente al *útil*.

Como fue expuesto anteriormente el útil anual de empresa resulta de la sumatoria de los MDC de las obras en curso, por lo tanto directamente de la producción anual de la misma.

Existe una gran variedad de métodos para la programación de tareas. No es el objeto de esta obra explicarlos pues han sido ya suficiente y exhaustivamente ilustrados, principalmente en los textos de project management.

La representación más difundida de la programación de trabajos en la industria de la construcción es sin lugar a dudas el diagrama de Gantt. Los "puntos de fuerza" del diagrama de Gantt se fundamentan en el hecho que dicha representación permite una inmediata visualización ya sea de las posibles superposiciones de trabajos y de sus posibles conflictos de recursos, como también de la interdependencia de tareas.

Lamentablemente no siempre las herramientas de programación son utilizadas con la finalidad con que fueron creadas. Es frecuente observar cómo, en determinadas realidades empresariales, las mismas son solamente utilizadas como parte de la documentación necesaria para presentar al comitente, y así "cumplir" con un proceso burocrático sin ningún aporte material para la empresa.

Es también habitual ver como los programas se realizan al inicio del proyecto y solo son "actualizados" luego del pedido de la dirección, es decir, dejan de funcionar como "herramienta" para funcionar como "elemento de informe a la dirección".

Desde la óptica del responsable de la obra, el tiempo que el mismo dedica al estudio del plan de trabajos es seguramente el que representa más beneficios a su performance, entre otras cosas porque es una de las únicas oportunidades que posee para *visualizar* la obra en su conjunto e individualizar con anticipación los puntos críticos.

La ejecución del **Plan de trabajos valorizado (PTV)**, consiste en temporizar las cantidades "a realizar" teniendo en cuenta las particularidades de la obra y el ritmo de progreso de los trabajos.

Para realizar esto, debemos tomar las cantidades residuales de **la tabla de producción progresiva** y definir los períodos en los cuales las mismas serán ejecutadas.

Vemos a continuación un ejemplo del mismo:

Plan de trabajos valorizado

	Total	Diciembre	Enero	Febrero	Marzo
Trabajos preliminares					
Instalacion de obrador	2.350,00	2350,00			
Cerco de obra	450,00	450,00			
Demoliciones					
Edificio existente	5.625,00	5625,00			
Muro perimetral	702,00		702,00		
Movimiento de suelos					
Excavacion cocheras	7.361,00	5005,48	2355,52		
Excavacion fundaciones	221,12		221,12		
Reinterro con material drenante	2.250,00				
Estructura de H°A°					
Bases	2.441,25			2441,25	
Total	21.400,37	13.430,48	3.278,64	2.441,25	-

Fig. 3.9

Como podemos notar en la tabla de la figura 3.9, el **plan de trabajos valorizado** no es otra cosa que un diagrama de Gantt en el cual han sido reemplazadas las clásicas "barras" por importes de producción. Este cambio no es para nada casual, en efecto el plan de trabajos valorizado agrega un elemento cuantitativo al programa, brindando la posibilidad de controlar los tiempos de ejecución desde la óptica de la producción efectuada.

Tomemos como ejemplo la excavación de las cocheras. En el diagrama de Gantt que se muestra en la figura 3.10, la información que tenemos es que "....debería comenzar antes del 31 de Diciembre y terminar los primeros días del mes de Enero...". Sólo si la tarea no terminara en la fecha estipulada en el diagrama, podríamos efectivamente afirmar que no se han respetado los tiempos programados.

Con el **programa de trabajos valorizado**, podemos establecer que al 31 de Diciembre, la producción relativa a la excavación de cocheras, debe llegar a € 5.005,48.

Este dato puede ser transformado en metros cúbicos de excavación aplicando simplemente el precio unitario, y por lo tanto fácilmente controlable en obra. Por lo tanto, utilizando el precio unitario obtenemos: 5.005,48 / 11,65 = 429,65 m3. Es decir que al 31 de diciembre la producción por excavación de cocheras debería ser de 429.65 m3.

Mediante este procedimiento estamos en grado de individualizar problemas de falta de cumplimiento de plazos con suficiente anticipación como para tomar medidas correctivas.

Mediante el programa de trabajos valorizado resulta inmediato el control de los tiempos porque este se realiza en manera cuantitativa a través del control de la producción.

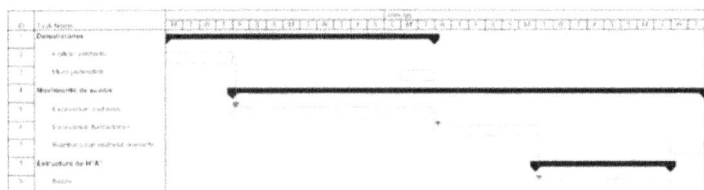

Fig. 3.10: Diagrama de Gantt

El cuadro de producción

Una vez realizados los planes de trabajos valorizados para cada una de las obras, el management de la empresa deberá reagrupar la información suministrada por cada uno de los responsables de obra en un cuadro como el que vemos a continuación, el **Cuadro de la producción**, y determinar de esta manera si la producción anual prevista es suficiente para generar el "útil" de la empresa.

Cuadro de la produccion

Obra	Total efectivo al 31 07 - 05	Agosto 05	Septiembre 05	Octubre 05	Noviembre 05	Diciembre 05
02004 - Remodelacion Hotel Europa	124.587	32.456	23.456	25.654	22.444	16.123
11004 - Casa barrio Tres Horquetas	45.678	12.512	26.768	23.467	12.969	8.797
02004 - Escuela 302 Pilar	124.356	13.434	5.879			
05005 - Torre Juncal 235		25.678	43.563	56.778	65.658	71.880
12005 - Centro deportivo "Las Lilas"	81.234	21.980	12.344	8.977	10.005	9.076
04004 - Acueducto Barrio Mitre	74.555	18.968	26.767	23.332	31.122	30.334
Total mensual	450.410	125.046	138.577	138.208	142.218	139.019
Total progresivo	460.410	575.456	714.033	852.241	994.459	1.133.478

Fig. 3.11

Observamos en el **Cuadro de producción** (fig.3.11), que el mismo ha sido voluntariamente interrumpido en la fecha 31/12/2005. Esto se debe a que se esta analizando la **Producción prevista anual**, para luego compararla con la **Producción mínima** a la que se hace referencia en el capítulo anterior.

En el cuadro del ejemplo, la producción prevista anual es de € 1.133.478. Si suponemos que el margen de contribución medio de las obras es del 14 %, los costos de estructura de la misma no deberían superar el valor de:

Costos de estructura < = € 1.133.478 x 0,14 = € 158.686

Por lo tanto, los costos de estructura deberán ser < = € 158.686

Tal como ya lo hemos mencionado, los cálculos de la **Producción mínima necesaria** basados en porcentajes medios de MDC, nos brindan solamente una primera aproximación para evaluar la factibilidad de la empresa, ya que para determinar el MDC hace falta conocer los costos relativos al nivel de producción realizado. Estos procedimientos se detallarán en el capítulo "Control de gestión".

De todas formas el cuadro de la **Producción prevista anual**, constituye un elemento fundamental y debe ser conocido y compartido por todos los integrantes de la empresa. Es excelente práctica ubicar físicamente el cuadro en un lugar visible, en lo posible donde se desarrollan las reuniones internas de la empresa. El cuadro constituye un elemento de compromiso y transparencia para la empresa y por lo tanto debe ser actualizado mensualmente y compartido por todos los interesados. Se deben enfatizar las repercusiones que sobre el mismo tiene la actividad laboral de cada uno de los integrantes de la empresa.

El cuadro de producción constituye un elemento fundamental de control para todos los integrantes de la empresa.

En efecto, a través de dicho cuadro el responsable de obra podrá saber objetivamente si está cumpliendo los plazos. El control de tiempos mediante la comparación de fechas con el programa de trabajos pierde "peso" desde el momento que sabemos que estamos cumpliendo con los importes de producción prevista; en otras palabras si en la voz "mampostería en elevación de 30 cm" hemos producido $ 12.500 en vez de los $ 14.000 previstos en el cuadro para el período en análisis, es claro que estamos retrasados con los plazos.

Por otro lado podemos matemáticamente tomar los importes que es necesario producir para terminar la realización de una determinada fase y evaluar objetivamente si somos capaces de realizarlos con los recursos que tenemos a disposición.

Desde el punto de vista del management, significa un control mucho más directo y objetivo, ya que al mismo le interesa principalmente saber si la producción prevista se esta respetando. El hecho que se haya demorado una tarea y se haya anticipado otra debido a conveniencias técnicas de la obra tiene para él una importancia relativa.

Consecuencias del prolongamiento de los plazos de ejecución de un proyecto

De lo expuesto anteriormente resulta que la falta de cumplimiento de los plazos de terminación de un proyecto genera perjucios que podemos clasificar en:

- Relativos al MDC propio del proyecto en cuestión

Evidentemente si el tiempo de ejecución de un proyecto aumenta, aumentarán también los costos indirectos pues los mismos dependen del tiempo de realización de la obra y no de las cantidades producidas, por lo tanto el MDC del proyecto resultará menor.

- **Relativos al Útil de la empresa**

Al aumentar el plazo de ejecución de la obra, la producción total de la empresa se "diluye" en un período más largo de tiempo, disminuyendo como consecuencia la generación de MDC en la unidad de tiempo considerado.

- **Relativos a la imagen de la empresa**

Cuando fue tratado el tema de la consolidación de la empresa en su sector, fue definida la excelencia como la capacidad que tiene la empresa de *superar* las expectativas del cliente. El incumplimiento de plazos refleja la incapacidad de la misma de *alcanzar* dichas expectativas.

Veamos un ejemplo numérico:

Analisis de MDC y Util con fecha de entrega 31-12-2005

Obra: 02004 - Remodelacion Hotel Europa	Valores efectivos 31-07-05	Agosto 05	Septiembre 05	Octubre 05	Noviembre 05	Diciembre 05
Produccion	124.587	32.456	23.456	25.654	22.444	18.123
Costos directos	78.967	20.165	13.055	14.778	12.256	8.842
Costos indirectos	19.457	1.465	1.465	1.465	1.465	1.465
MDC	26.163	6.816	8.936	9.411	8.723	7.816

MDC total previsto	67.866
MDC total para el 2005	67.866

Analisis de MDC y Util con fecha de entrega 28-02-2006

Obra: 02004 - Remodelacion Hotel Europa	Valores efectivos 31-07-05	Agosto 05	Septiembre 05	Octubre 05	Noviembre 05	Diciembre 05	Enero 06	Febrero 06
Produccion	124.587	28.907	22.000	18.909	23.438	18.000	6.800	4.079
Costos directos	78.967	17.922	13.640	11.724	14.532	11.160	4.216	2.529
Costos indirectos	19.457	1.465	1.465	1.465	1.465	1.465	1.465	1.465
MDC	26.163	9.520	6.895	5.720	7.441	5.375	1.119	85

MDC total previsto	62.319
MDC total para el 2005	61.115

Como se observa en el ejemplo, entregando la obra el 28.02.2006, el MDC total de la obra se reduce, debido al aumento de los costos indirectos de la obra, y en su valor total para el año 2005 debido a que parte de la producción sera realizada en el 2006. Como consecuencia de esto en el año 2005 el Útil de la empresa será menor del previsto inicialmente.

Es un hecho cierto que en diversas oportunidades nos encontraremos de frente a situaciones para las cuales la postergación de la fecha de entrega de la obra parecerá inevitable.

En estas situaciones es necesario evaluar las implicancias de este hecho respecto de **cada uno de los tres puntos** antes mencionados.

Se tratará entonces de elaborar mecanismos que lleguen en lo posible a neutralizar, o bien minimizar los efectos negativos sobre el **margen**, el **útil** y la **imagen**, aplicando toda nuestra creatividad. Es por estos motivos que se considera fundamental el conocimiento temprano de un potencial retraso de los tiempos contractuales.

- Cuando las causas del posible retraso en los tiempos sean ajenas a la empresa e imputables a un tercero, es deber de la misma advertir inmediatamente al comitente, sea de este hecho como así de las posibles consecuencias económicas negativas del mismo.

- En el caso en que el comitente requiera a la empresa la evaluación económica de una variación considerable al proyecto, es necesario, antes de comunicar al comitente el presupuesto, evaluar también las implicancias en el programa de trabajos y sus efectos económicos.

En cualquiera de los dos casos antes mencionados debemos realizar un análisis cuantitativo de las implicancias que tiene sobre el útil de la empresa la postergación de los plazos de obra. Esto debe realizarse utilizando una metodología con las características expuestas anteriormente.

Conclusiones

En el presente capítulo hemos definido los siguientes conceptos:

1. Composición analítica del contrato.

La misma se determina a partir del presupuesto de costos directos de la obra. Tradicionalmente se ha realizado solamente para adjuntarla al contrato de locación de obra para justificar en modo analítico el importe del mismo y como base para la redacción del certificado de obra.

Con la metodolgía de control de gestión propuesta, la composición analítica del contrato servirá fundamentalmente como base para el cálculo de la producción.

2. La reagrupación de la obra en fases.

Consiste en reagrupar los ítems del contrato de acuerdo a criterios que no tienen en cuenta la tipolgía de los mismos sino la forma en que será ejecutada la obra. Esto lo realizamos con el fin de establecer *puntos de referencia intermedios* durante la ejecución de la obra en lo que respecta a costos y a tiempos.

3. La producción.

A partir de la composición analítica del contrato, mediante la cuantificación de los ítems realizados determinamos los ingresos de la obra en forma de producción.

4. El plan de trabajos valorizado.
Tomando las cantidades residuales del cuadro de producción, programamos el momento en el cual las mismas serán realizadas. Esto lo realizamos con el objeto de realizar un pronóstico de cómo y cuándo vamos a ejecutar las tareas necesarias para completar la obra.

5. El cuadro de producción
Unificando los planes de trabajo valorizados de cada una de las obras, realizamos una proyección a futuro de la producción de la empresa, para de esta manera evaluar si la misma es capaz de producir útil.

4
Control de gestión

El control de gestión como estrategia de management

Con el objeto de lograr el margen de contribución, el management de la empresa debe elegir una técnica de conducción del personal apropiada, ya que aun en la realidad de las pequeñas empresas, es inimaginable que el objetivo pueda ser alcanzado solo por una persona.

Como "técnica de conducción" se entiende el proceso mediante el cual el management influencia la toma de decisiones cotidianas de las personas que colaboran con él mismo, de manera de unificar los esfuerzos para llegar a cumplir las metas prefijadas.

La propuesta de la presente obra es la de utilizar el control de gestión para lograr esta influencia positiva en los colaboradores de la empresa, es decir diseñar mecanismos que permitan que el comportamiento individual coincida con el requerido por la organización: que se piense en lo global cuando se actúe en lo individual.

Las técnicas de control de gestión se basan en el concepto de establecer parámetros medibles mediante los cuales sea posible evaluar el cumplimiento de un objetivo.

Cuando se utiliza la palabra "control" muchas veces viene a la mente el sentido "policíaco" del término, es decir un proceso mediante el cual se toman casos al azar y se verifican ciertos parámetros con la finalidad de crear un ambiente en el cual determinadas reglas de comportamiento sean respetadas. El sentido de control de gestión como técnica de management que se propone es diametralmente opuesto a esta manera de proceder.

En efecto, las técnicas de control de gestión deben ser presentadas a los integrantes de la empresa para ser utilizadas por ellos mismos. Son ellos los que realizan el cálculo de los parámetros y controlan los resultados.

La interacción entre los colaboradores y el management debe llevarse a cabo sobre la base que los colaboradores conocerán de antemano el formato de la información que debe ser presentada al management.

En el enfoque antiguo del control de gestión, el personal es considerado como un recurso más de la producción cuya utilización debe ser calculada al menor costo posible; los empleados no se ven formando parte efectivamente del sistema ni participan de forma activa en el proceso de toma de decisiones.

Sin embargo, solo a través de la implicación de todo el personal, una empresa puede dar respuesta a las exigencias de flexibilidad y capacidad de reacción que le plantea hoy el cambio de entorno. Pierden competitividad aquellas organizaciones que mantienen una división entre los que piensan y los que actúan; se abren paso las organizaciones inteligentes "learning organizations" que se basan en el aprendizaje y la gestión del conocimiento, lo que equivale a que los recursos humanos se convierten en el principal factor diferenciador en el actual contexto.

Una posible aplicación práctica de las modernas técnicas del control de gestión es el de las llamadas *reuniones de gestión del contrato*, a las cuales deben asistir los responsables de los proyectos con la finalidad de presentar a la Dirección determinada información clave del estado del proyecto en un formato específico.

Durante el proceso mediante el cual los colaboradores **elaboran** la información en el formato requerido por el management y **toman** acciones correctivas para encauzar el proyecto en los parámetros deseados, se realiza la influencia positiva del management sobre los colaboradores.

La *reunión de gestión del contrato* entre el management y los colaboradores es de fundamental importancia debido a los mecanismos que se disparan durante la generación de la información que se debe exponer en el transcurso de la misma.

La gestión de costos

La gestión de costos en un proyecto de construcción comprende tres etapas bien definidas:

La presupuestación. Como hemos visto se realiza antes de presentación de la oferta y de la misma resulta el *presupuesto operativo.*

La *determinación de los costos efectivos*, la cual se realiza toda vez que se desea determinar le margen de contribución parcial de la obra.

La proyección de costos finales de la obra o bien la *actualización del presupuesto operativo.* Esta se realiza con el objeto de proyectar el margen de contribución final que se verificará una vez finalizada la obra

La primera etapa ha sido ya tratada en el capitulo 3. Nos referiremos ahora a la segunda etapa o sea a la determinación de los costos efectivos.

La recopilación de datos referentes a los costos efectivos, podría parecer uno de los pasos más simples en la implementación del sistema de control de gestión. Sin embargo es necesario poner la máxima atención en esta fase pues en torno a ella se fundamentan las bases para el entero sistema.

La empresa que se prepara a implementar un proyecto de control de gestión no puede prescindir de tener en cuenta las **características específicas** de la misma. Es inconcebible confiarse en manera pasiva a soluciones "prefabricadas" aplicables indistintamente a todas las empresas, pues ellas, habiendo sido creadas para la generalidad, no tienen en cuenta las peculiaridades de una empresa en particular.

Generalmente, la dirección de la empresa percibe el hecho de poseer una gran cantidad de datos en su organización, pero raramente está en grado de utilizarlos en forma adecuada para mejorar la *performance* empresarial. La ***ventaja competitiva*** no está en relación directa con la cantidad de información que se posee, si no con la capacidad de la empresa de gestir y gobernar dicha información.

Por otro lado, algunas empresas se limitan a registrar lo que *ya ha sucedido*, extrapolando los datos del pasado para obtener previsiones futuras. Seguramente esto presenta cierta utilidad, pero se evidencia cada vez más fuerte la necesidad de obtener datos actuales para prevenir lo que sucederá en el futuro, especialmente en ambientes en los que se experimenta un alto nivel de actividad, es decir donde la realidad relativa a costos y producción cambia en manera veloz.

En la clásica empresa de construcciones, el área técnica genera los datos relativos a los presupuestos, producción, certificados, etc., con total autonomía del área administrativa la cual registra los costos clasificándolos por unidad productiva, o sea por centros de costos, en el marco de la ***contabilidad general*** de la empresa.

La ***contabilidad general***, nos permite obtener una fotografía de lo que le está sucediendo a la empresa en su totalidad, pero no nos brinda información a cerca del resultado económico de cada uno de los proyectos en manera individual.

Es por lo tanto necesario agregar un sistema de ***contabilidad analítica*** que nos permita analizar el comportamiento económico de cada obra en particular.

Con la finalidad de evitar el doble registro de los documentos relativos a la contabilidad, es posible predisponer un ***sistema integrado***, en el cual registraremos los documentos (órdenes de compra, remitos, facturas, mano de obra, etc.) solamente una vez, y que produzca la información necesaria para la ***contabilidad analítica*** y la ***contabilidad general***.

Esta iniciativa nos permitirá unificar en un único sistema todos los procesos gestionales del área técnica, administrativa y financiera.

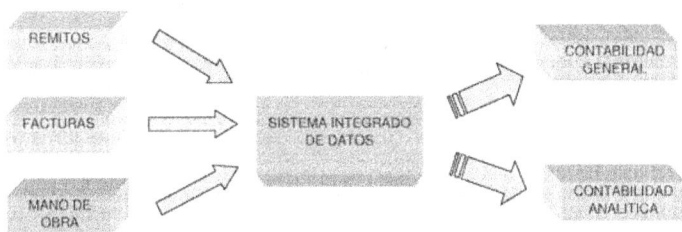

Fig. 4.1

En el análisis que veremos a continuación, se trata de establecer el total de los costos en los cuales hemos incurrido para generar una determinada producción.

Es decir, se trata de "tomarle una fotografía" congelando la obra en un determinado nivel de producción, y determinar todos y nada más que: "los materiales, mano de obra y medios que hemos utilizado para llegar a ese estado de la obra".

Por lo tanto la determinación de costos efectivos consiste en conocer:

A - Monto total de materiales ingresados a la obra
B - Monto total de mano de obra empleada

C - Monto total del uso de equipos propios y de terceros
D - Producción ejecutada por los subcontratistas
E - Material a pie de obra

Los costos efectivos serán determinados con la fórmula:

$$\text{Costo efectivo} = A + B + C + D - E$$

A continuación describiremos los procesos para determinar cada uno de los componentes que conforman los costos efectivos.

A – Monto total de los materiales ingresados a la obra

Existen en lengua española diferentes modos de denominar al documento que acredita la entrega de un pedido de materiales.

En España se lo conoce con el nombre de albaran, en Argentina y Uruguay con el nombre de remito, en Chile como guía de despacho, en Perú como guía de remisión, etc.

En definitiva se trata del "documento que acompaña la mercadería en tránsito y documenta la entrega de la misma al receptor".

De ahora en adelante, por simplicidad, nos referiremos al mismo como remito.

En los sistemas administrativos clásicos, el remito tiene dos funciones principales:

Para el comprador, comparar los remitos con las órdenes de compra y con las facturas para verificar su correspondencia.

Para el vendedor, al recibir el duplicado del remito debidamente firmado por el comprador, tiene una constancia de haber entregado la mercadería que el comprador recibió conforme y, en base al remito, confeccionar la factura. Es el único documento legal que le permite al vendedor demostrar la entrega de las mercaderías.

Se extiende, como mínimo, por duplicado; aunque es práctica generalizada hacerlo por triplicado para que al transportista también le quede una constancia de la operación realizada. Desde el punto de vista de la contabilidad general, el remito tiene una importancia relativa ya que el mismo no se registra en los libros contables porque generalmente se emite solamente indicando cantidades y no valores.

Desde el punto de vista del control de gestión, el remito constituye el documento base para el registro de los materiales ingresados a la obra.

Con el ingreso del *remito* en el sistema integrado de información se produce un pre-registro contable que nos permite principalmente:

- Controlar que la factura (la cual llegará en una segunda etapa) comprenda solamente los materiales ingresados en las obras.

- Efectuar una valorización inmediata de los costos de obra.

Es fundamental como se decía anteriormente que la empresa comprenda la importancia de un registro inmediato de los costos. Conocer en manera "instantánea" los resultados económicos del proyecto nos lleva a una posición privilegiada para poder tomar las decisiones adecuadas.

Este registro instantánea de costos es muy difícil de obtener si se utiliza como "vector de información" la factura en lugar del remito. La llegada de ésta a la sede de la empresa difícilmente coincida con el momento de la llegada del material a la obra. En efecto, desde el momento en el cual la mercadería llega a la obra acompañada del remito, la misma puede potencialmente ser transformada en producción. Esta producción debería ser contemplada dentro de nuestro **cuadro de producción de la empresa**. Si hipotéticamente esperáramos el registro de la factura para la asignación del costo de la mercadería en lugar de utilizar el remito, nos encontraríamos en una situación para la cual el MDC calculado sería mayor que el real.

Como se puede observar en los gráficos de las figuras 4.2 y 4.3, en función de la intensidad de producción de nuestro proyecto, un retardo en la contabilización de los costos aumenta el margen de *incertidumbre* sobre los datos económicos del mismo.

Fig. 4.2

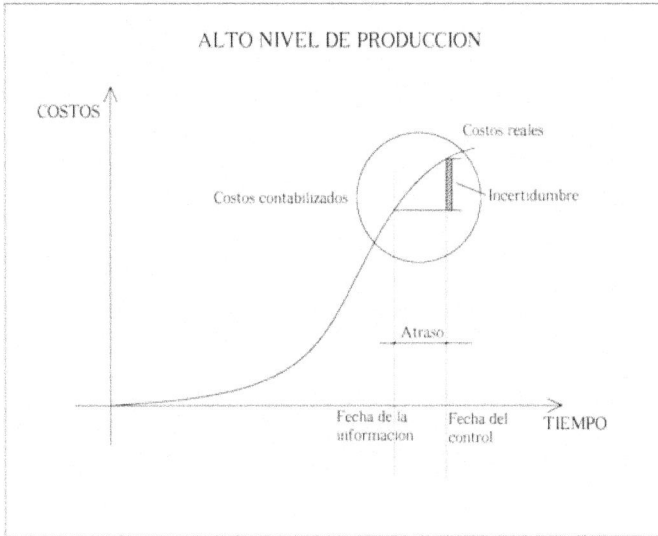

Fig. 4.3

A continuación se detalla la información que debe contener un remito:

- Fecha de entrega del material.
- Datos del proveedor
- Número progresivo del documento
- Datos del destinatario de la mercadería
- Datos del transportista cuando difiera del proveedor
- La descripción y la cantidades de las mercaderías entregadas
- Referencia a la orden de compras generada por el destinatario (opcional)

Al momento de la recepción del material en la obra, el receptor de la mercadería firmará el remito habiendo antes controlado que las cantidades, el estado y el tipo de mercadería coincidan con lo descrito en el documento.

En una segunda etapa, el responsable de la obra, asignará a los materiales entregados un ***código de obra*** y una ***fase***, como vemos en el ejemplo, y luego expedirá el remito a la sede de la empresa para su registro en el sistema integrado de información.

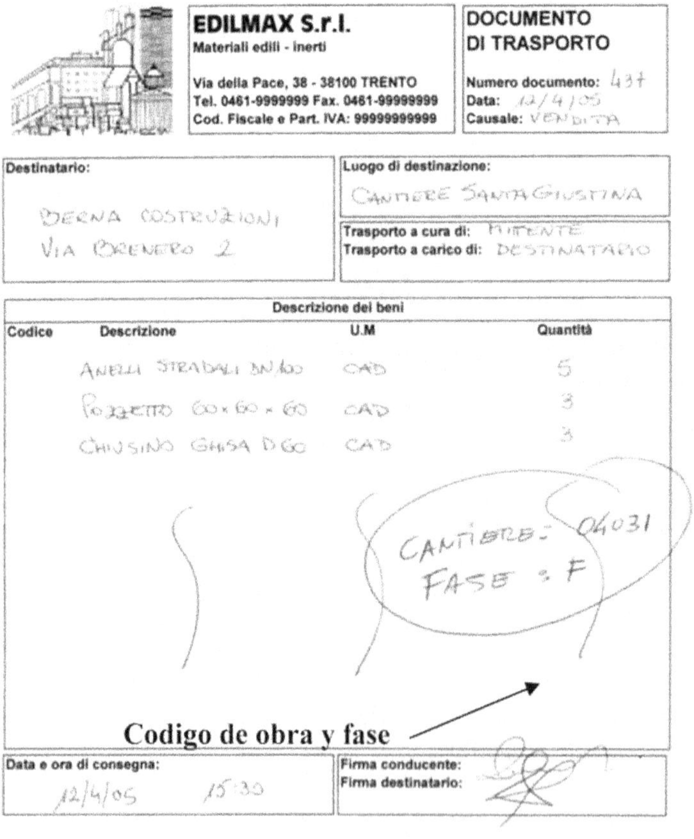

EDILMAX S.r.l.
Materiali edili - inerti

Via della Pace, 38 - 38100 TRENTO
Tel. 0461-9999999 Fax. 0461-99999999
Cod. Fiscale e Part. IVA: 99999999999

DOCUMENTO DI TRASPORTO

Numero documento: 437
Data: 12/4/05
Causale: VENDITA

Destinatario: BERNA COSTRUZIONI VIA BRENERO 2

Luogo di destinazione: CANTIERE SANTA GIUSTINA

Trasporto a cura di: MITTENTE
Trasporto a carico di: DESTINATARIO

Descrizione dei beni

Codice	Descrizione	U.M	Quantità
	ANELLI STRADALI DN100	CAD	5
	POZZETTO 60 x 60 x 60	CAD	3
	CHIUSINO GHISA D60	CAD	3

CANTIERE: 04031
FASE: F

Codigo de obra y fase

Data e ora di consegna: 12/4/05 15:30

Firma conducente:
Firma destinatario:

Fig. 4.4 Modelo de remito

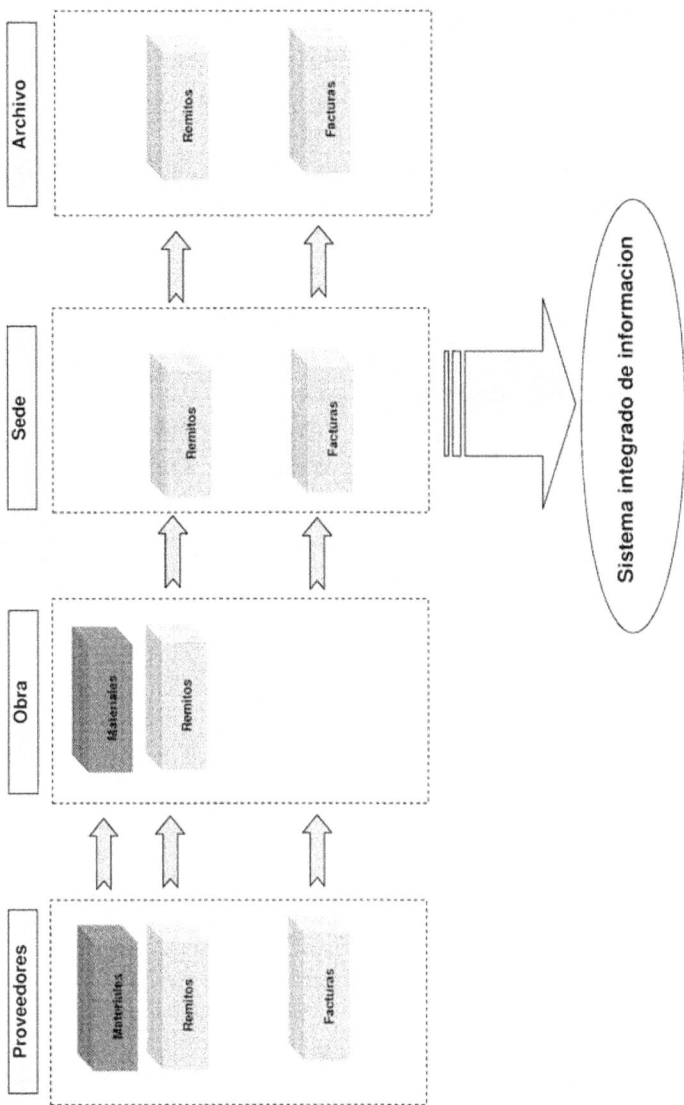

Fig. 4.5: Gráfico flujo de remitos y mercadería

Una vez en la sede de la empresa, el remito será registrado, es decir todos los materiales serán cargados en el sistema, asignándoles el identificativo del proveedor, número de remito, el código de obra y el código de fase.

Típicamente en los softwares existentes en el mercado, a esta operación se le asigna un ***número de protocolo*** progresivo, interno de la empresa.

La valorización de los materiales registrados en el sistema se efectúa al momento del registro, o bien en manera automática si existiese registro en el sistema integrado de información de una ***orden de compras*** que vincule al proveedor con los de los materiales entregados por el mismo. Estos temas serán tratados en el capítulo "Herramientas para mejorar la eficiencia".

En una última etapa llegará a la sede la **factura** del proveedor, dependiendo este momento del procedimiento acordado entre proveedor y empresa.

Dicha factura hará referencia a todas las mercaderías entregadas mediante los remitos, a los precios establecidos en las ordenes de compra, los descuentos y a la modalidad de pago, etc.

<u>B – Monto total de mano de obra empleada</u>

Como fue expuesto precedentemente, es necesario contar con un proceso que nos permita cuantificar los costos de mano de obra de cada uno de los proyectos en ejecución. Dicho proceso será realizado mediante la utilización de un ***reporte de mano de obra.***

Los métodos utilizados para el registro de las horas empleadas en cada una de las obras de la empresa varían de acuerdo a factores tales como la cantidad de personal presente en cada una, su grado de preparación, la cantidad de obras que posea la empresa simultáneamente, etc.

Sin embargo existen una serie de elementos básicos cuya presencia no puede ser omitida en el reporte de mano de obra. Estos son:

- Fecha del reporte
- Nombre completo del operario
- Cantidad total de horas de trabajo efectuadas
- Codificación de las horas según el código de obra
- Codificación de las horas según el código de fase
- Descripción de las tareas realizadas
- Firma del operario
- Firma del responsable

Es recomendable que el reporte de mano de obra se realice mediante el completamiento de un formulario estandar aplicable a todas las obras. Esto se puede conseguir mediante un formulario único de completamiento diario (fig. 4.6), en el cual el responsable de obra lleva el registro de todos los empleados, o bien mediante simples formularios individuales (fig. 4.7) que serán completados diariamente por cada uno de los empleados.

Los objetivos perseguidos con la estandarización del informe de mano de obra son fundamentalmente los siguientes:

- Facilitarle las tareas al responsable de obra mediante el completamiento de un módulo sencillo y veloz.
- Simplificar el proceso de carga de los datos en el sistema, minimizando las posibilidades de error.
- Crear una base de datos ordenada de consumo de horas-hombre para permitir su uso en futuros presupuestos.

Formulario unificado

Av. de los Incas, 324   Tel: 555-555-5555
Buenos Aires,   Fax: 555-555-5555
Argentina   E-mail:

Construcciones XYsrl

OBRA:

INFORME DIARIO DE MANO DE OBRA

FECHA:

RESPONSABLE DE OBRA:

Condiciones Climaticas

Despejado

Nublado

Lluvioso

Legajo	Apellido	Nombre	Descripcion de las tareas realizadas	Horas	Fase	Nota

FIRMA RESPONSABLE

Fig. 4.6

Formulario individual completado por el operario

			Reporte diario
			Nombre y apellido:
Construcciones XYsrl			Informe del:
Obra	Fase	Horas	Descripcion de las tareas
Total de horas:			Firma responsable:

Fig. 4.7

Es importante diseñar un modelo de formulario que sea lo suficientemente "cerrado", es decir deje pocos elementos a la libre interpretación de quién debe completarlo para de esta forma lograr uniformizar los resultados y agilizar las tareas de quien debe ingresar los datos al sistema.

Sea cual fuera el sistema elegido para registrar los datos, una vez entregados los formularios en la sede, los mismos serán controlados e ingresados en el sistema integrado de información. Es importante destacar la conveniencia del hecho que este procedimiento de carga de datos sea utilizado también por el programa de liquidación de salarios del personal, evitando así la duplicación de tareas administrativas.

Vemos una vez más cómo debido al registro discriminado por *fase de obra*, es posible tener bajo control los costos de mano de obra para cada una de ellas, comparándolos con los que han sido previstos en fase de presupuestación.

La valorización del costo horario de la mano de obra será un dato existente en el sistema de información centralizado.

El valor del costo de la mano de obra deberá reflejar lo más exactamente posible el monto real del mismo.

Con este fin se pueden utilizar sistemas que:

- Relacionen el dato identificativo del empleado (número de legajo) directamente con un costo horario.

- Relacionen el dato identificativo del empleado con una categoría de mano de obra.(oficial albañil, ayudante, aprendiz, etc.). Asignarle a cada categoría un costo horario informado por el departamento de recursos humanos en función de valores medios.

La elección de un sistema o de otro debe ser evaluada en función de las características propias de cada empresa y los recursos con que ella cuenta.

C - Monto total del uso de equipos propios y de terceros

Nos referiremos en este punto a los equipos propios que presten servicios simultáneamente en más de un proyecto, o bien a equipos de terceros utilizados en alquiler.

Para el primer caso, es preciso utilizar un modelo de reporte que especifique la cantidad de horas que el equipo estuvo prestando servicio en cada una de las obras, haciendo también distinción de la fase en la cual fue ocupado (figura 4.8).

El problema central cuando se trata de calcular el costo de operación de equipos es la determinación del costo horario. Existen distintos criterios para efectuar dicho cálculo. Describimos a continuación un modelo de procedimiento que deberá ser adaptado a las distintas realidades locales.

Construcciones XYsrl

Av. de los Incas, 324   Tel.: 555-555-5555
Buenos Aires,   Fax: 555-555-5555
Argentina   E-mail:

Equipo: Excavador Komatsu 3D84E 3FA   Numero interno equipo: 14 . 82

PLANILLA USO DE EQUIPOS

FECHA:

RESPONSABLE DEL EQUIPO:

Estado inicial cuenta-horas:

Estado final cuenta-horas:

Horas de funcionamiento efectivo:

Descripcion obra:	Codigo obra:	Descripcion de las tareas realizadas	Horas	Fase	Nota

FIRMA RESPONSABLE/S OBRA/S

Fig. 4.8: Modelo de reporte para el uso de equipos

Entre los costos de operación de equipos, encontramos los *costos fijos* y los *costos variables*.

Costos fijos son: Depreciación
                         Inversión del capital
                         Mantenimiento y reparaciones
                         Impuestos y seguros

Costos variables son: Combustible
                         Lubricante
                         Operador

Cuando un equipo nuevo inicia su vida operativa, el mismo comienza a desgastarse. Independientemente de las tareas de reparación y mantenimiento efectuadas al mismo, al final de su vida útil el equipo será obsoleto y será necesario su reemplazo.

El propietario de equipos que, no siendo suficientemente sensible a este concepto, no acumule durante la vida útil de los mismos un fondo de reserva para reemplazar los equipos depreciados, deberá utilizar parte de su útil de empresa para la nueva adquisición de los mismos.

El método de cálculo de depreciación más simple consiste en tomar el valor de compra del equipo y dividirlo por los años de vida útil. (straight-line depreciation).

Así por ejemplo tenemos que:
Costo inicial del equipo: $ 25.000
Vida útil: 5 años
Costo de depreciación lineal: $ 25.000 / 5 = $ 5.000

En la siguiente tabla, vemos cómo el valor del equipo disminuye durante su vida útil. Observamos también que ha sido calculado el **valor medio** del equipo.

Año	Periodo	Depreciacion acumulada	Valor del equipo
2005	1	$ -	$ 25.000,00
2006	2	$ 5.000,00	$ 20.000,00
2007	3	$ 10.000,00	$ 15.000,00
2008	4	$ 15.000,00	$ 10.000,00
2009	5	$ 20.000,00	$ 5.000,00
2010	6	$ 25.000,00	$ -

Valor medio del equipo	$ 15.000,00

Fig. 4.9: Cuadro de depreciación

También podemos ver que dicho valor medio, si lo expresamos como porcentaje del valor inicial es:

$ 15.000 / $ 25.000 = 60 %

Por lo tanto tenemos que el valor medio de un equipo cuya vida útil es de 5 años es del 60 % de su valor inicial. A continuación vemos la fórmula con la cual podemos calcular el valor medio de un equipo expresado como porcentaje de su valor inicial.

Valor medio (% del valor inicial) = (1 + n) x 100 / (2 x n)

Donde "n" representa el número de períodos en el proceso de depreciación.

El cálculo del valor medio del equipo tiene importancia ya que ciertos costos deben ser referidos al mismo y no al valor de compra del equipo nuevo. Un ejemplo de ellos puede ser los impuestos, cierto tipo de seguros y la inversión del capital.

El costo de la inversión del capital se refiere al interés pagado por el dinero que fue utilizado para la adquisición del equipo.

Aunque el empresario haya adquirido el equipo utilizando fondos propios, un interés debe ser cargado a la inversión ya que dichos fondos hubieran podido ser destinados a otra inversión que hubiera dado un interés al empresario.

Este interés debe ser aplicado al *valor medio* del equipo.

Los costos de mantenimiento y reparación varían considerablemente en función del equipo, y deben ser calculados teniendo en cuenta todos aquellos costos en los que se deba incurrir para que el equipo continúe a operar dentro de sus parámetros de diseño.

Es práctica habitual expresar dichos costos como porcentaje del costo de depreciación anual. Para ciertos equipos como excavadores y camiones este costo varía entre el 70 % y el 100 % del costo anual de la depreciación.

Para la determinación de los costos de consumo de combustible y lubricante es necesario referirse a las especificaciones técnicas del fabricante del equipo.

A título ejemplificativo se ilustra la metodología de cálculo del costo horario de operación de un hipotético excavador de 160 hp.

Costo de compra: $ 56.600
Vida útil: 6 años
Valor medio: $ 33.016 (ver fórmula)

Costos anuales:
Depreciación: $ 9.433 (56.600 / 6)
Mantenimiento: $ 7.546 (80% de la depreciación anual)
Inversión: $ 1.650 (5% del valor medio)
Seguros / impuestos: $ 2.000
Total costos anuales: $ 20.629

Costos horarios:
Costos fijos: $ 10,31 ($ 20.629 / 2000 horas año)
Combustible: $ 14.4 (16 litros/hora costo
                  diesel: $/litro 0.80)
Lubricante: $ 2.75 (0.55 litros/hora
                  costo lub: $/litro 5.00)
Operador: $ 25,00
Total costo horario: $ 52,46

Es buena práctica llevar control de los costos de reparación y mantenimiento de los equipos de manera tal de poder controlar los valores presupuestos y reutilizarlos para futuras determinaciones de costo horario de operación.
Vemos a continuación un modelo de dicho registro:

REPAIRS AND OPERATING EXPENSE

DESCRIPTION _D7 Caterpillar tractor with pipelayer_   EQUIPMENT NO. _14 - 82_

Date	Ref	Description and location	Repairs		Maintenance		Insurance		License and taxes				Total		Total to date	
1/21/53	B480	Misc labor & material	31	60												31	60
2/11/53	B552	Inst rockguards & labor	61	40												93	00
3/10/53	A624	Tune & adjust motor	2	40												95	40
5/27/53	B726	Painting - mat & labor	46	80												142	20
8/7/53	A696	Labor repairing sideboom	18	90												161	10
2/5/54	B853	Engine overhaul labor & parts	216	40												377	50
2/23/54	C168	Insurance - 1 yr					86	70								464	20
2/25/54	D236	License & taxes - 1 yr							114	85						579	05

Fig. 4.10: Modelo de planilla para el control del costo
de operación de un equipo

D - Producción ejecutada por los subcontratistas

El sector de la construcción se caracteriza por el hecho de hacer uso intensivo de los subcontratos. Esto se debe a la alta especialización de cierto tipo de trabajos necesarios para la ejecución de la obra. En el capítulo "Herramientas para mejorar la eficiencia" se propone una guía para la gestión de los subcontratos.

En esta sección se trata de valorizar la producción efectuada por los subcontratistas al momento de la determinación de los costos. Es por ello extremadamente conveniente contar con un esquema de subcontrato que sea en un todo consistente con el contrato principal, es decir con nuestro presupuesto operativo, a fin de simplificar las tareas de determinación de la producción.

Se supone que en la determinación de nuestra producción hemos incluido aquella realizada por los subcontratistas operantes en la obra. Una parte de esta producción pudo haber sido ya facturada por el subcontratista, y por lo tanto los importes de dichas facturas deberán incluirse en los costos totales.

El procedimiento de aprobación de las facturas de los subcontratos será similar al de los remitos, es decir, la factura será controlada por el responsable de la obra, le vendrá asignado el código de obra y la fase, y será devuelta a la administración para su carga en el sistema.

El responsable de obra controlará que la producción real del subcontratista sea igual o mayor a la facturada por el mismo una vez descontadas todas la retenciones de garantía.

Es sin embargo habitual, que por motivos contractuales entre el subcontratista y la empresa, la facturación del mismo presente un retraso respecto a su producción.

Lo expuesto anteriormente nos lleva a la conclusión que si al momento de determinar los costos efectivos, no incluimos la producción de los subcontratistas que no haya aún sido facturada (*producción pasiva de la empresa*), llegaremos a la errada conclusión de haber obtenido un MDC superior al real.

Es necesario, por lo tanto, evaluar todos los meses cual es la diferencia entre la producción del subcontratista y el monto total facturado por el mismo hasta la fecha. Este valor *(producción pasiva de la empresa)* debe agregarse a los costos totales.

A continuación, en la fig. 4.11, vemos un modelo de esquema del llamado "Cuadro mensual del subcontratista", que intenta reflejar tanto la situación económica del mismo, como la producción pasiva que debe ser incluida en la determinación de los costos totales.

Situacion del subcontratista: Rimoli - Instalaciones electricas			
Construcciones XYsrl	Codigo de obra: 03005 - Fase: G		
Situacion al: 31/10/2005	Precedente	Mensual	Acumulada
Produccion:	20.345,00	5.346,00	25.691,00
Retencion de garantia (5 %)	1.017,25	267,30	1.284,55
Produccion neta:	19.327,75	5.078,70	24.406,45
Monto facturado al:	31/10/2005		18.000,00
Produccion pasiva al:	31/10/2005		7.691,00
Monto a facturar al:	31/10/2005		6.406,45
IVA (20 %)			1.281,29
Total:			7.687,74

Fig. 4.11: Cuadro mensual del subcontratista

En el ejemplo vemos como la producción pasiva $ 7.691,00 resulta como diferencia entre la producción ($ 25.691,00) menos la facturación ($ 18.000,00).

Un esquema similar al Cuadro mensual del subcontratista deberá entregarse mensualmente a la administración para la inclusión de esta *producción pasiva de empresa* en el sistema de contabilidad industrial.

E - Material a pie de obra

Los materiales ingresados en la obra que no hayan sido todavía "transformados" en producción deben ser descontados de los costos ya que ellos ingresaron en la obra (fueron incluidos en los remitos) pero no fueron transformados todavía en producción. Si por ejemplo se tratara del final de la obra, estos materiales podrían ser retirados de la misma y transportados a otra obra utilizando un "remito interno de la empresa" para descontarlo de una obra y cargarlo a otra en la cual serán utilizados.

MATERIAL A PIE DE OBRA Totales al 31-10-2005			
Construcciones XYsrl	Codigo de obra: 03005		

Material - Descripcion	Cantidad	Proveedor	Remito num.
Arena	30 m3	Edilmax	34564
Cemento	400 kg	Edilmax	56678
Bloques ceramicos 8x15x20	700 unidades	Edilmax	34564

Fig. 4.12: Modelo para el registro de materiales a pie de obra

Para la evaluación de los materiales a pie de obra, se sugiere el uso de un modelo interno que será completado por el responsable de la obra. En el mismo se indicará con la mayor precisión posible el origen de los materiales depositados a pie de obra de manera de agilizar su valorización por la administración de la empresa.

Con el fin de establecer un criterio sobre cuales materiales deben ser considerados en este punto, se pueden establecer importes mínimos bajo los cuales no es obligatorio completar el formulario. El modelo presentado puede servir de guía para la cuantificación mensual del material a pie de obra.

Observamos cómo para cada uno de los materiales ha sido indicado el proveedor y el número de remito. Esto se realiza para permitir que al momento del ingreso en el sistema del material a pie de obra, el mismo pueda ser valorizado con los importes con que fueron cargados los remitos al momento del ingreso del material en obra, asi como también la fase de obra a la que fue cargado originalmente.

Cálculo del margen de contribución

Una vez obtenida toda la información necesaria para la determinación de los costos totales, aplicando la fórmula descripta al inicio del capítulo obtenemos:

Total del costo efectivo =
+ Total de materiales ingresados en obra (remitos y facturas)
+ Total de mano de obra (reportes de mano de obra)
+ Total del uso de equipos (reportes de equipos)
+ Producción de contratistas (facturas + producción pasiva)
- Material a pie de obra

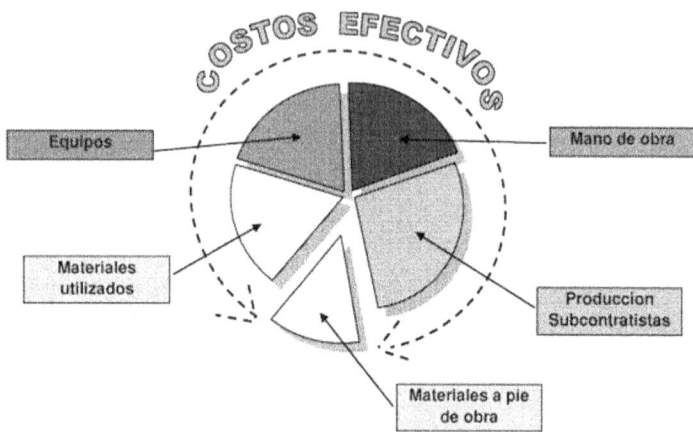

Fig. 4.13

Por lo tanto, restando al valor de producción al momento del análisis, los costos efectivos obtenemos el MDC de la obra.

$$MDC = P - C$$

La suma total de los valores de MDC así calculados para cada una de las obras en ejecución, puede ser comparado con aquel valor de MDC que fue supuesto para verificar si con el volumen de producción anual efectivo la empresa genera útil.

Obviamente si este MDC efectivo es mayor o igual que el MDC supuesto, podemos decir que en un primer análisis la empresa cumple con las expectativas del inversor.

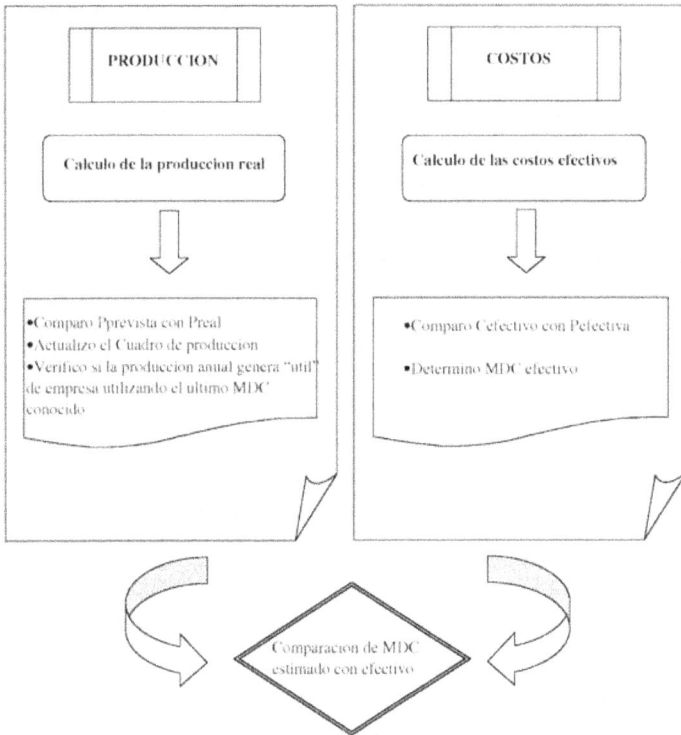

Fig. 4.14

Proyección del MDC final de la obra

Como hemos visto anteriormente, el MDC de la obra es un parámetro variable y por lo tanto, además de la comparación "estática" entre el MDC previsto y el MDC efectivo, es extremadamente importante conocer la evolución del mismo a lo largo de la obra. Con este elemento, que será la *tendencia del MDC*, la empresa podrá tomar las acciones correctivas necesarias.

Una metodología para prever la situación final del MDC una vez finalizada la obra, es la denominada determinación del costo de **completamiento de la obra**.

Supongamos que una obra fue estudiada en fase de presupuestación de manera tal que, expresándonos en términos cronológicos, las primeras tareas a realizar sean las que aportan el mayor MDC y las últimas el menor. Podría darse la situación que en un período intermedio de la obra, aunque siendo positivo el MDC, no llegue a "cubrir" el MDC nulo o negativo de las fases finales.

Observemos un ejemplo:

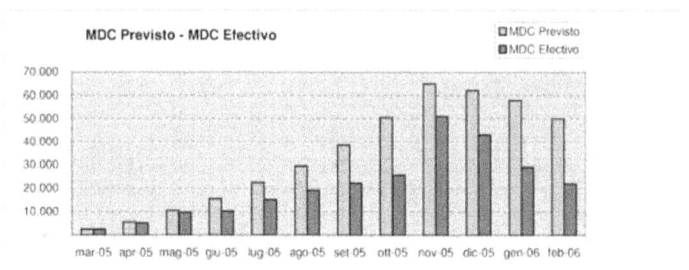

Fig. 4.15: Cuadro comparativo del MDC previsto con el MDC efectivo

En el gráfico anterior observamos que el MDC previsto para el final de la obra era de $ 50.000.

Debido a las características de la obra, era prevista una "pérdida" del MDC de $ 15.000 entre los meses de noviembre 2005 y febrero del 2006, por lo cual era importante alcanzar al menos $ 65.000 en el mes de noviembre.

Un análisis limitado solamente a la comparación entre el MDC efectivo y el previsto para el final de la obra nos hubiera llevado en el mes de noviembre a la falsa conclusión que se estaban cumpliendo las previsiones ya que el MDC efectivo era $ 50.000 y el previsto para el final de la obra era precisamente $ 50.000.

Es por ello que se hace fundamental la actualización del **presupuesto operativo de la obra**, y la determinación de MDC final (a obra terminada), ya que el margen de contribución de los meses restantes a la finalización de la obra pueden llevarnos a resultados no deseados.

El procedimiento para determinarlo es el siguiente:

1. Determinación de la producción total (Ptotal)

En una primera aproximación, el valor de la producción total de la obra equivale al monto total del contrato. Este valor sin embargo puede sufrir algunas variaciones:

- Variaciones al contrato concordadas con el cliente

Como ya hemos dicho anteriormente, la fase ejecutiva de la obra es un proceso fuertemente influenciado por los cambios, y es habitual que el cliente requiera variaciones al proyecto original que tendrán una repercución en más o en menos del importe contractual.

Es importante durante la etapa de formalización del contrato, tener en cuenta estos aspectos para no exponernos a cambios durante la etapa de ejecución que puedan perjudicar importantemente a la empresa (especialmente disminuciones al contrato original)

Por lo que respecta a variaciones en aumento del monto inicial, es necesario que las mismas queden formalizadas y cuantificadas por la empresa antes de iniciar los trabajos. La modificación de los plazos de obra inherentes a dichas variaciones de proyecto deben también ser formalizados contractualmente.

- Multas

El importe final de producción puede ser modificado por las multas por incumplimiento de plazos o por detracciones por trabajos ejecutados de manera "no conforme". En el caso de incumplimiento de plazos, generalmente la multa se expresa en terminos de **unidad monetaria por día de atraso,** ($/día), y por lo tanto es simplemente cuantificable. Para los trabajos "no conformes", cuando por cuestiones técnicas los mismos no pueden ser nuevamente realizados a fin de corregir los defectos, se establecen porcentajes de reducción del precio unitario.

2. Actualización del presupuesto operativo de la obra. (Ctotal)

El costo de completamiento de la obra se calcula como el costo Ci ya calculado en el capítulo anterior para un momento cualquiera de la obra, más los costos necesarios para realizar las tareas faltantes desde el momento "i" hasta la entrega de la misma.

El primer elemento a tomar en cuenta para el cálculo de los costos en los que se deberá incurrir para finalizar la obra, es el **presupuesto operativo** realizado en fase de presupuestación.

La actualización del presupuesto operativo se realiza con la colaboración del departamento de compras de la empresa. Como veremos más profundamente en el capítulo 5 respecto a la planificación de las compras, durante la ejecución de la obra el departamento de compras formalizará con los proveedores las provisiones de materiales y subcontratos mediante los documentos previstos para tal fin (contratos, órdenes de compras, etc.), la información contenida en esos documentos servirá como sustento para actualizar el presupuesto operativo.

Este proceso debe ser realizado con la misma periodicidad requerida para la actualización de la proyección del margen de contribución final.

En otros casos, es posible tomar datos reales de la obra para calcular el costo de las tareas que faltan ejecutar en lugar de los estimados en fase de oferta, como sucede generalmente con la determinación de la cantidad de horas/hombre para la realización de una determinada tarea.

En resumidas cuentas, es importante recalcar que la actualización del presupuesto operativo deber ser sustentada con datos de la realidad, sean ellos documentos como contratos u ordenes de compras, o bien datos reales tomados en la obra en cuestión. No deberían ser aceptables hipótesis de costos como las asumidas en fase de oferta. En el caso de no contar con *datos válidos actualizados* el presupuesto operativo debería mantenerse inalterado.

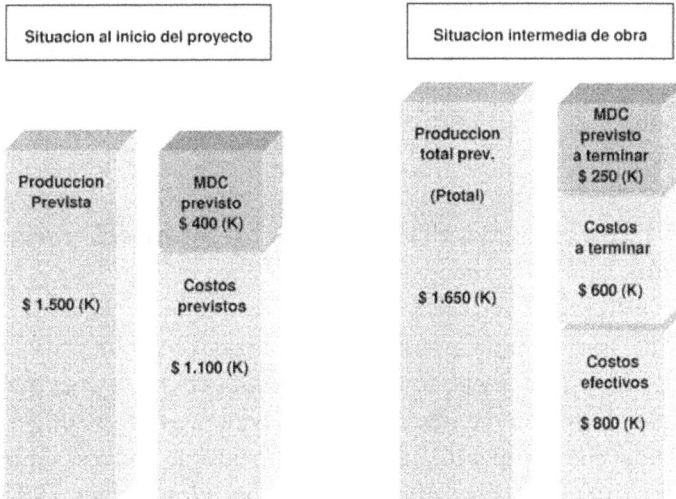

Fig. 4.16: Ejemplo de aumento de la producción con disminución del MDC

El Ctotal y la Ptotal de la obra nos permitirán calcular el **MDCfinal previsto** de nuestra obra. Este dato es de extrema utilidad ya que a diferencia del MDCi, las variaciones en menos del **MDC final previsto** respecto del MDC estimado son un indicador claro de que es necesario tomar acciones correctivas para llevar el MDC final al valor estimado inicialmente.

Observamos en el ejemplo de la figura 4.16 cómo, a pesar de haber aumentado la producción total prevista, el MDC previsto para el final de la obra disminuye por efecto del aumento de los costos.

La previsión del MDC final es una actividad que deber ser realizada con adecuada periodicidad, por ejemplo mensualmente. Es sin embargo extremadamente útil su verificación en situaciones en las cuales se analizan cambios radicales de las condiciones generales del contrato, por ejemplo iniciativas generadas por el comitente para cambiar de manera significativa el proyecto que podrían alterar en manera importante el importe final del contrato o los plazos de ejecución.

Si bien el resultado obtenido es un valor absoluto que puede ser inmediatamente comparable con el valor previsto, es también de gran utilidad el análisis de la tendencia del MDC final.

Técnicas basadas en el estudio de los costos – El "*earned value*"

El "earned value" es una técnica que tiene por objeto medir la performance de un proyecto en términos de costos y tiempos. Existe formalmente desde los años sesenta cuando se inició a aplicar en los proyectos del Departamento de Defensa de los Estados Unidos con el objeto de monitorear los mismos. Desde hace ya más de diez años, es la técnica adoptada por el Gobierno

Federal Norteamericano para representar el desenvolvimiento de todos los proyectos financiados por el gobierno.

La técnica analiza el estado del proyecto desde el punto de vista del plazo de construcción y del cumplimiento del presupuesto de costos, en manera separada utilizando los siguientes parámetros.

BCWS – Costos presupuestados para la realización de las tareas de acuerdo al plan de trabajos.

Este dato resulta de la valorización del plan de trabajos con los datos de los costos previstos. En efecto si aplicamos a las tareas de nuestro plan de trabajos sus relativos costos, obtendremos el BCWS (Budgeted Cost of Work Scheduled)

BCWP – Costos presupuestados para la realización de las tareas de acuerdo a lo efectivamente realizado.

Este parámetro lo obtenemos valorizando con los costos previstos, los trabajos efectivamente realizados. Es decir, observamos **la situación real de progreso** de la obra, y aplicamos **los costos presupuestados** para llegar a la situación de avance real de la obra.

(Budgeted Cost of Work Performed)

ACWP – Costos reales para la realización de las tareas de acuerdo a lo efectivamente realizado.

Este dato se obtiene del análisis de **costos reales sostenidos** para ejecutar lo **efectivamente realizado**. Hemos explicado detalladamente el procedimiento para determinarlos al inicio del presente capítulo.

(Actual Cost of Work Performed)

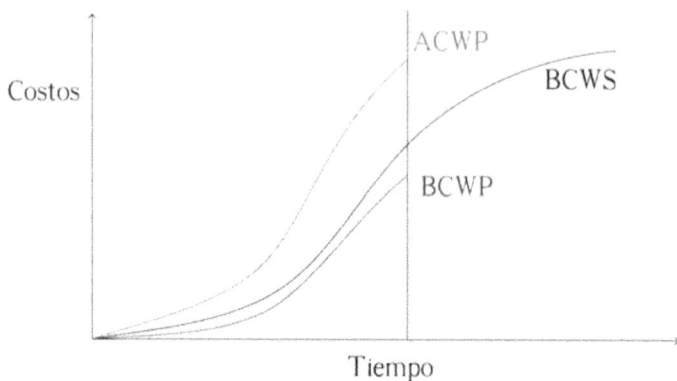

Fig. 4.17

Para poder llevar a cabo el cálculo de los indicadores descriptos anteriormente necesitamos contar con la información de base, o sea el presupuesto operativo y la relevación de costos reales en la manera descripta anteriormente.

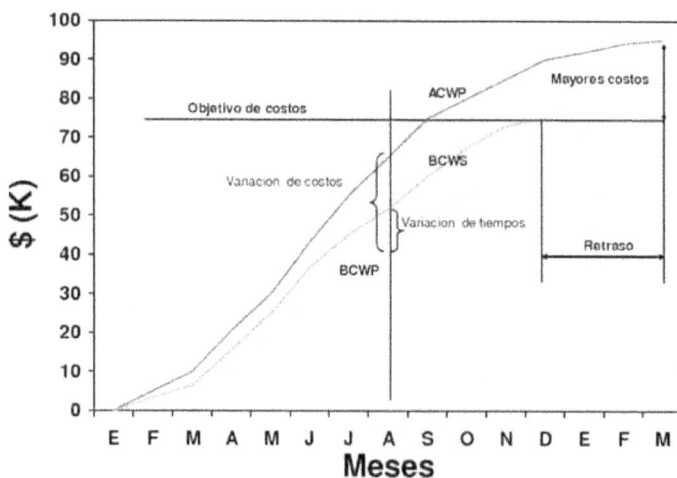

Fig. 4.18

A partir de los parámetros ya calculados podemos definir los siguientes indicadores:

CV (Variación de costos) = BCWP – ACWP

Si en un momento cualquiera de la vida del proyecto, realizamos la diferencia entre los costos que deberíamos haber tenido de acuerdo a nuestra estima analítica (BCWP) para una determinada situación de la obra, y los costos efectivos para el trabajo realmente realizado (ACWP), obtendremos la variación de costos

Esta diferencia expresa el estado del proyecto desde el punto de vista de los costos, es decir si la misma es negativa quiere decir que hemos gastado más de lo previsto en budget para ese estado de la obra.

SV (Variación de tiempos) = BCWP – BCWS

Realizando la diferencia entre los costos presupuestados para la situación real de la obra y los costos presupuestados para la situación prevista en el cronograma, obtenemos la variación de tiempos expresada en términos monetarios.

Esta diferencia nos indica si el proyecto está dentro o fuera del programa en lo que respecta a los tiempos. Si el resultado es negativo significa que existe un retraso respecto a lo programado, si en vez es positivo quiere decir que estamos adelante de las previsiones.

De este índice se deduce que el atraso acumulado se expresa mediante la ecuación:

((BCWS-BCWP) / Costo total) x plazo total (días) = atraso (días)

Los indicadores calculados nos sirven para determinar la situación presente de la obra.

Extrapolando las gráficas a futuro se podría obtener una previsión teórica de los valores para el costo total a obra terminada y el plazo total de la misma.

Vemos a continuación un ejemplo práctico que explica lo mostrado en el gráfico anterior:

Observamos en el gráfico que al momento de la verificación del estado del proyecto los indicadores dan:

Presupuesto total del proyecto: $ 75.000
Plazo total: 12 meses
Momento de la verificación: agosto

Costo previsto (BCWS) = $ 52.000
Costo para la situación de avance real (BCWP) = $ 45.000
Costos reales (ACWP) = $ 65.000

Por lo tanto:

La variación de costos (CV) es:

(BCWP – ACWP) = - $ 20.000

Es decir que se han acumulado hasta el momento mayores costos por $ 20.000

La variación de tiempos (SV) es:

(BCWS – BCWP) = - $ 7.000

Quiere decir que estoy $ 7.000 atrasado respecto a la programación de los costos. Aplicando la fórmula para determinar los días obtengo:

($ 7.000 / $ 75.000) x 360 días = 33 días de atraso.

En el gráfico podemos observar que en caso de persistir las condiciones actuales, efectivamente necesitaríamos 33 días para alcanzar los costos previstos para el mes actual.

En la parte final del gráfico, observamos que las diferencias de costo y de tiempos son aun mayores que en el mes en el cual ha sido efectuado el control.

Es precisamente el "espíritu" de este tipo de análisis la detección temprana de problemas respecto a los tiempos y costos con el objeto de tomar medidas correctivas.

5
LAS HERRAMIENTAS
PARA MEJORAR LA EFICIENCIA

Reunión de gestión del contrato

La reunión de gestión del contrato tiene por objeto la discusión de los aspectos técnico-económicos del contrato entre el responsable de obra y el management.

En esta sección se intentan describir los temas que deberán ser tratados en *forma periódica*, dando por descontado, que durante el período de ejecución de un proyecto existirán *temas específicos* que justificarían de por si la realización de una reunión ad-hoc entre los responsables de la gestión del mismo.

Es sin embargo ventajosa la planificación de reuniones periódicas a intervalos fijos, aprovechando si es posible las mismas para incluir los temas puntuales que puedan surgir.

La periodicidad de las reuniones depende de la magnitud de la obra. Se recomienda realizarla en forma mensual, y debido al tipo de información con que se debe contar para realizarla, es buena práctica realizarla entre el 5 y el 15 del mes para discutir el período que va hasta el último día del mes precedente.

Los temas a tratar en la reunión abarcan en un primer momento los relativos a la *producción*, y luego los relativos a los *costos*.

No es el objeto de este libro la explicación detallada de las técnicas de gestión de reuniones, pero se parte del presupuesto que el lector se encuentra al corriente de algunos aspectos básicos de las mismas, a saber:

- La reunión debe ser organizada de manera tal que todos los integrantes cuenten con anticipación con un listado de los puntos a tratar en la misma.
- Debe ser especificada con anticipación la lista de la información requerida en la reunión para ser discutida.
- Se debe realizar una minuta de la reunión detallando los puntos más importantes discutidos durante la misma.

En lo que respecta a la información necesaria para la reunión, es conveniente que el organizador envíe a los participantes modelos y/o ejemplos de la información a presentar de manera tal de contar con información lo más estandarizada posible para evitar pérdidas de tiempo, especialmente cuando se trata de las primeras reuniones.

Temas relativos a la producción

Los elementos que debe presentar el responsable de obra son:

- Cálculo de la producción progresiva al mes actual
- Plan de trabajos valorizado del mes anterior (PTVanterior)
- Plan de trabajos valorizado del mes actual (PTV actual)

Los puntos que se discutirán respecto a la producción son:

- **Análisis de variaciones de la producción del mes actual**

El responsable de obra debe presentar el cálculo de la producción progresiva mensual explicando brevemente como se compone la misma.

Los datos de producción deberán ser calculados utilizando la estima anlítica, aplicando las cantidades ejecutadas a los precios unitarios de la misma.

Para evaluar las cantidades ejecutadas hasta el período analizado, el responsable de la obra debió haber tomado mediciones en obra que luego habrá representado sobre los planos del proyecto.

El formato de la documentación descripta anteriormente debe representar un "ayuda memoria" para el responsable de obra, con la finalidad de aclarar, si fuera necesario de dónde resultan las cantidades incluidas como producción.

Es importante puntualizar, que el cálculo de la producción efectuada debe ser una actividad que ocupe diariamente una parte de la jornada laboral del responsable de obra. Es muy difícil pretender que el mismo pueda dedicar toda una jornada completa a efectuar cálculos económicos dejando de lado las tareas habituales de coordinación técnica de la obra.

Es parte de la normativa para la ejecución de obras públicas en ciertos países, la conservación en obra de un documento detallando las trabajos y las cantidades efectuadas diariamente (p.ej. Italia, *libretto delle misure*). Este documento tiene también carácter probatorio de las cantidades efectuadas por la empresa, ya que debe ser firmado en conformidad por ambas partes: comitente y empresa.

Fase 3: Albañileria 2° piso					
	CME			Produccion al 31/03/05	
	Cantidad	PU	Total	Prevista	Efectiva
Mamposteria 0.30 m					
Paredes externas	108,00	43,00	4.644,00	4.644,00	4.644,00
Total mamposteria 0.30 m			**4.644,00**	**4.644,00**	**4.644,00**
Mamposteria 0.10 m					
Pared cocina	16,80	18,00	302,40	302,40	302,40
Pared living	14,00	18,00	252,00	252,00	252,00
Pared bano	5,60	18,00	100,80	100,80	100,80
Pared habitacion 1	8,40	18,00	151,20	151,20	151,20
Pared habitacion 2	8,40	18,00	151,20	151,20	151,20
Total mamposteria 0.10 m			**957,60**	**957,60**	**957,60**
Revoque externo completo					
Paredes externas	108,00	14,70	1.587,60	1.587,60	1.587,60
Total mamposteria 0.30 m			**1.587,60**	**1.587,60**	**1.587,60**
Revoque grueso y fino para interno					
Cocina	59,80	12,50	747,50	747,50	-
Living	81,00	12,50	1.012,50	1.012,50	1.012,50
Bano	26,40	12,50	330,00	330,00	-
Habitacion 1	42,60	12,50	532,50	532,50	532,50
Habitacion 2	42,60	12,50	532,50	532,50	532,50
Corredor	25,00	12,50	312,50	312,50	-
Total revoque grueso y fino para interno			**3.467,50**	**3.467,50**	**2.077,50**
Colocacion de premarcos					
Puerta ingreso	1,00	78,00	78,00	78,00	-
Puerta bano	1,00	35,00	35,00	35,00	-
Puerta cocina	1,00	35,00	35,00	35,00	-
Puerta habitacion 1	1,00	47,00	47,00	47,00	-
Puerta habitacion 2	1,00	47,00	47,00	47,00	-
Total colocacion premarcos			**242,00**	**242,00**	**-**
Contrapiso espesor 0.12 m					
Cocina	15,00	14,00	210,00	210,00	-
Living	25,00	14,00	350,00	350,00	350,00
Bano	4,50	14,00	63,00	63,00	-
Habitacion 1	12,50	14,00	175,00	175,00	175,00
Habitacion 2	12,50	14,00	175,00	175,00	175,00
Corredor	3,90	14,00	54,60	54,60	54,60
Total contrapisos			**1.027,60**	**1.027,60**	**754,60**
Carpetas					
Cocina	15,00	10,78	161,70	-	-
Living	25,00	10,78	269,50	-	-
Bano	4,50	10,78	48,51	-	-
Habitacion 1	12,50	10,78	134,75	-	-
Habitacion 2	12,50	10,78	134,75	-	-
Corredor	3,90	10,78	42,04	-	-
Total carpetas			**791,25**	**-**	**-**
TOTALE FASE 3 - Euro			**12.717,55**	**11.926,30**	**10.021,30**

Fig. 5.1: Cuantificación de la producción prevista y la producción efectiva

En una tabla como la que se observa en la figura 5.1, se exponen los valores de la ***composición analítica del contrato***, la ***producción prevista*** para el período y la ***producción efectiva***. Se evidencian luego las diferencias.

A continuación se realiza el *variance análisis* es decir se explica en términos *cuantitativos* las variaciones de los valores de producción previstos respecto a los efectivos.
Como se observa en las figuras 5.1 y 5.2, se trata de cuantificar la producción no efectuada hasta llegar a la explicación del total de la misma, para determinar con exactitud las causas y poder actuar en manera correctiva.

Es evidente que el nivel de detalle de la explicación depende de la envergadura de la obra que se este analizando.

Es práctica corriente establecer valores y porcentuales de variación debajo de los cuales no es necesario realizar el análisis indicado anteriormente. Estos valores dependerán también de la magnitud del trabajo y del tipo de trabajo que se trate.

Por lo tanto, para ciertas obras puede ser aplicable el criterio de "variaciones menores del 10 % y debajo de € 1.000,00 no necesitan ser explicadas".

Analisis de produccion Fase 3	
Produccion prevista al 31/03/05	11.926,30
Produccion efectiva al 31/03/05	10.021,30
Diferencia	**1.905,00**

Causas		
Los premarcos no fueron entregados a tiempo:		242,00
El sanitarista no termino la instalacion en bano y cocina.		
Demoras en revoques	747,50	
	330,00	
	312,50	
		1.390,00
Demoras en contrapisos	210,00	
	63,00	
		273,00
Total		**1.905,00**

Fig. 5.2: Ejemplo de análisis de variaciones entre producción prevista y producción efectiva

Las ventajas que trae este proceso son las siguientes:

1. *Durante el proceso de preparación de esta información*, el responsable de obra tiene la oportunidad de meditar sobre cuales son las causas reales de los atrasos de producción. El análisis cuantitativo deja poco espacio a la subjetividad. Una vez identificadas las mismas puede accionar inmediatamente (si las soluciones se encuentran a su alcance) para resolverlas.

2. *Durante el proceso de presentación de esta información,* el responsable de obra tiene la oportunidad de exponer los problemas que involucren a otros sectores de la empresa en el cumplimiento de la producción prevista, por ejemplo, contar con mayor cantidad de personal o la llegada de un determinado material a la obra.

- **Discusión respecto a las variaciones entre el PTV actual y el PTV anterior**

Hemos visto anteriormente que el ***plan de trabajos valorizado*** (PTV) es un instrumento dinámico que viene actualizado periódicamente.

Como resulta evidente, el responsable de la obra deberá reprogramar mensualmente las tareas que han sido previstas y no efectuadas, dentro de los períodos suscesivos. Es por ello que es aconsejable que las previsiones efectuadas sean lo más realistas posibles.

El momento de la redacción del PTV debe significar para el responsable de la obra la oportunidad de controlar si el cronograma resulta válido, es decir, se debe controlar la factibilidad del cumplimiento de tiempos de todas las tareas que deben ser realizadas.

Para poder realizar lo descrito anteriormente, debe contactar si es necesario a los subcontratistas y proveedores y verificar de esta manera las fechas establecidas en el PTV.

Una vez definido el nuevo PTV actualizado, el mismo será presentado en la reunión. Se individualizarán las tareas que fueron objeto de la reprogramación y serán expuestos los siguientes argumentos:

- los motivos que originan la reprogramación de la tarea
- los argumentos que se han utilizado para reprogramarla.

Usando el ejemplo anterior, tomemos la ejecución de los contrapisos:

Plan de trabajos valorizado actualizado

	Produccion efectiva	Produccion prevista			
		Abril	Mayo	Junio	Julio
Mamposteria 0.30 m	4 644				
Mamposteria 0.10 m	958				
Revoque externo completo	1 588				
Revoque grueso y fino para interno	2 078	1 390			
Colocacion de premarcos	-	242			
Contrapiso espersor 0.12 m	755	273			
Carpetas	-	273			
Colocacion de pisos y rivestimientos	-	-	3 450		
Colocacion de piso de madera	-	-		2.134	
Provision y colocacion de puertas	-	-			1 567
Total	10.021	2.178	3.450	2.134	1.567

Fig. 5.3

Tarea reprogramada:
Ejecución de contrapisos

Nueva período de realización:
Abril 2005 (tercera semana)

Motivo de reprogramación:
Falta la instalación en baño y cocina

Determinación del nuevo período:
El sanitarista entregará la instalación terminada la primera semana de Abril

• **Verificación de los plazos y fechas de entrega**

En esta parte de la reunión, se realizará un análisis relativo al cumplimiento de los plazos de la obra.
En el capítulo anterior, cuando fueron descriptas las técnicas del Earned Value, fue expuesto el parámetro SV (variación de tiempos) como indicador del respeto de los tiempos contractuales.

Para ser consistente con el heho que en esta parte de la reunión se maneja información relativa a la producción, podemos aplicar la fórmula que calcula los días de atraso a partir de la producción ejecutada:

$$R = (P - P1) \times n / C$$

Donde:

R = días de atraso del plazo de la obra
P = producción prevista a la fecha del análisis
P1 = producción real a la fecha del análisis
n = plazo total contractual
C = importe total contractual

Por ejemplo:

Producción prevista a la fecha: € 320.000
Producción real a la fecha: € 289.000
Plazo total contractual: 250 días
Importe total contractual: € 550.000

R = (320.000 − 289.000) x 250 / 550.000 = 14 días de atraso

Si bien en muchas ocasiones los días de retraso pueden ser recuperados durante el plazo contractual, la evolución del parámetro "R" a lo largo de la obra nos da un indicio importante sobre las posibilidades reales de respetar los plazos de entrega, y por lo tanto nos permite tomar las medidas correctivas necesarias con suficiente anticipación.

La fórmula indicada nos expresa el retraso en términos de valores medios. Un control más detallado puede realizarse aplicando la misma fórmula en manera parcial a las distintas partes de la obra. En efecto, si la obra ha sido subdividida en fases, y para cada una de ellas fue establecida una fecha de entrega parcial, los días de retraso pueden ser calculados de la manera antedicha.

<u>Temas relativos a los costos</u>

Los elementos que debe presentar el responsable de obra son:

- Presupuesto operativo original y su actualización
- Cálculo de costos reales
- Cálculo del BCWP y/o Costos de completamiento del proyecto

Los puntos que se discutirán respecto a los costos son:

- Verificación del estado del proyecto en lo que respecta a los costos

La metodología empleada para analizar el estado del proyecto respecto a los costos puede realizarse mediante el cálculo del CV (BCWP – Costos efectivos) o bien mediante la verificación de los costos de completamiento del proyecto. La elección de uno o de otro método depende de diversos factores, entre ellos el porcentaje de avance del proyecto.

En efecto, cuando el proyecto se encuentra en sus fases iniciales, el cálculo del CV resulta más inmediato ya que el cálculo del BCWP incluye solo las fases iniciales de la obra.

De manera contraria, cuando el proyecto se encuentra próximo a su ultimación, el cálculo del costo de completamiento de la obra resulta más sencillo ya que se trata solo de agregar a los costos reales, la estima de pocas fases finales de la misma.

Es necesario por lo tanto, que se realice una evaluación previa a la reunión, sobre cual de los métodos emplear en función de las circunstancias particulares de la obra y del tiempo disponible del responsable de la obra para la realización de las estimas.

Existen sin embargo situaciones para las cuales se hace imprescindible el cálculo del completamiento de la obra y la estima del MDC final del proyecto. En los casos en los cuales el proyecto haya sido alterado en manera sustancial, o la estima analítica inicial no sea suficientemente confiable, se sugiere optar por el método del costo de completamiento de la obra.

El management tiene la resposabilidad de evaluar y decidir el método a utilizar, así como también debe contar con la facultad de destinar recursos adicionales para efectuar las estimas descriptas anteriormente, cuando las circunstancias así lo exijan.

Recordemos una vez más, que un conocimiento temprano de un desfasaje de costos puede significar la diferencia entre culminar un proyecto exitosamente o catastróficamente.

A continuación (fig. 5.4), vemos un modelo que podría utilizarse para incluir los indicadores más importantes del proyecto.

El completamiento de un formulario de las características del que se presenta, debe constituir un hecho mediante el cual el responsable de la obra advierta las consecuencias económicas de lo que ha sucedido en la obra hasta la fecha.

SITUACION MENSUAL DEL PROYECTO				
Obra: Torre Alsina **Codigo: 02034**		**Importe contrato: $ 243.897,89**		
Construcciones XYsrl		**Plazo de ejecucion: 150 dias**		

Situacion al: 31/10/2005	Prevista		Efectiva	
	Mensual	Progresiva	Mensual	Progresiva
Produccion:	47.365,80	195.327.89	47.467.90	187.908,67
Costos:		168.100,60		166.083,39
MDC:		27.227.29		21.825,28
Dias de atraso:				4.6

Fig. 5.4: Modelo de situación mensual del proyecto

Frecuentemente, en la percepción del técnico, prevalecen hechos físicamente visibles como el crecimiento del edificio en altura, o el progreso en términos de kilómetros que se alcanzaron en la construcción de una ruta. Esto hace que se manifieste incrédulo ante la exposición de resultados económicos poco satisfactorios para la empresa.

Esta es en efecto la utilidad del documento, porque evidenciando los resultados reales, se lo motiva hacia la investigación de las causas.

La costumbre de analizar periódicamente los datos económicos mejora la capacidad gestional de la empresa, pues el hecho de deber discutir sobre temas de los cuales se es responsable, en términos de dinero, impulsa a los responsables a informarse tempranamente sobre la situación, y tomar medidas correctivas durante el curso de ejecución.

Naturalmente, y como punto de partida de este proceso, la participación de la dirección de la empresa deber ser completamente garantizada. Solo de esta manera los responsables podrán advertir la real importancia que la empresa da al control de costos, y se adecuarán a las circunstancias.

La gestión de los subcontratos

La actual competitividad en todos los sectores industriales está creando en las empresas la permanente predisposición al cambio. Como resultado de esto, las empresas estructuran sus organizaciones luego de identificar cuales, de entre todas las actividades que realizan, son las que les aportan la *ventaja competitiva*.

Una vez identificadas las *actividades clave* (core activities), la empresa puede focalizarse en reducir los costos de las mismas y en incrementar la flexibilidad organizacional, es decir la capacidad de responder velozmente a los cambios económicos externos y conservar de esta forma la ventaja competitiva.

Las *actividades no-clave* (non-core activities) son aquellas que si bien son necesarias para la empresa en su conjunto, no mejoran la capacidad competitiva de la empresa.

Es por ello que actualmente las empresas deben recurrir a subcontratistas para efectuar las actividades no-clave, y mantener así su posición en el mercado.

La situación de la empresa de construcciones generales no es ajena a esta realidad. Si bien existen tradicionalmente actividades que la empresa ha desde siempre tercerizado debido a la alta especialización de las mismas (instalaciones eléctricas, sanitarias, climatización, etc.), existe un conjunto de actividades para las cuales es necesario efectuar un análisis objetivo sobre la conveniencia real de realizarlas mediante un contratista externo, o bien utilizar recursos internos. Sobre esto se discutirá en la primera parte de esta sección. La segunda parte de esta sección presenta una metodología para gestión de los subcontratos. Se discutirán por lo tanto herramientas de selección de subcontratistas y control de los mismos durante la ejecución de los trabajos.

La decisión de subcontratar

Se mencionaba anteriormente el hecho que en una clásica empresa de construcciones generales existe un grupo de actividades (p. ej. movimiento de suelos, ejecución de estructuras de hormigón armado, mamposterías, revoques, etc) que deben ser objeto de evaluación, sobre la conveniencia de ejecutarlas con recursos internos o externos.

A este punto nos preguntamos también, si es conveniente realizar este tipo de evaluación individualmente para cada proyecto de la empresa.

Si bien puede resultar necesario, en determinadas circunstancias, un análisis individual de las tareas a subcontratar para cada un de los proyectos en cuestión, (p. ej. proyectos distantes geográficamente), es conveniente que la empresa aplique una **estrategia unica de subcontratos** para todos los proyectos de la misma. De esta manera, la empresa podrá desarrollar suficiente *eficiencia* en una unica estrategia de gestión.

En otras palabras, si por ejemplo la empresa ha desarrollado suficiente eficiencia en la gestión de subcontratistas para la ejecución de movimiento de suelos, es conveniente que aplique esta eficiencia en la mayor cantidad de obras posibles.

Para efectuar el análisis sobre la conveniencia de tercerizar una actividad es necesario proceder en forma estructurada. Solo un proceso analítico puede proveernos de datos objetivos para llegar a la decisión adecuada.

1. Costos

El primer análisis que se deberá realizar es del tipo económico.

Deberán calcularse los costos totales de mantener la estructura para realizar la actividad internamente y compararlos con los costos de subcontratarla cada vez que se necesita efectuarla.

Un punto de partida para realizar este análisis es el de tomar los datos del ejercicio anterior. Es decir, si estamos evaluando realizar internamente una actividad que hasta ahora hemos subcontratado, debemos evaluar el costo total de los subcontratos que he tenido el año anterior y compararlos con los costos de la estructura necesaria para efectuarla internamente.

2. Necesidad de flexibilidad operativa

Es necesario evaluar cuán flexible es el servicio que necesitamos en términos de tiempos y disponibilidad. Es fundamental saber con anticipación si es posible encontrar en el mercado un subcontratista que provea un servicio que tenga las características de flexibilidad que la empresa necesita.

3. Necesidad de un nivel de calidad definido

Esta evaluación se refiere a la calidad del resultado de la actividad que vamos a subcontratar. Existen situaciones en las cuales una calidad irregular del producto puede influenciar negativamente otras actividades de la empresa. Por ejemplo, si se está considerando subcontratar los contrapisos o carpetas, es posible que las deficiencias en la ejecución de las mismas, afecten negativamente la ejecución de los pisos.

4. Consideraciones de tipo estratégico.

En este punto debemos hacernos las siguientes preguntas:

➢ El sector en el que operan los potenciales subcontratistas está concentrado en pocas empresas o está caracterizado por una gran cantidad de empresas pequeñas?

En realidad, es necesario evaluar el "poder relativo" de los subcontratistas respecto el de las empresas constructoras. Si el sector de los subcontratistas de la actividad en cuestión, esta formado por pocas empresas, y el de las empresas constructoras por muchos competidores, resulta conveniente realizar la actividad con recursos internos y no exponerse a sufrir posibles aumentos de precios controlados por los subcontratistas.

➢ El sector de las empresas constructoras, ¿es un sector importante para los subcontratistas?

Como en el caso anterior, se trata de prevenir posibles aumentos de costos de la actividad que se intenta tercerizar y de esta forma evitar una posible pérdida de competitividad respecto de otras empresas que no hayan tercerizado.

➢ ¿Existe el riesgo de una "integración hacia adelante" del subcontratista?

Quiere decir, evaluar si existe la posibilidad de que la/s empresa/s a las cuales estoy evaluando para delegarles una actividad propia se convierta luego en un competidor de la empresa constructora.

Verificación de la organización del subcontratista

Tradicionalmente, la selección de un subcontratista se realiza en función de parámetros económicos combinados con parámetros subjetivos dictados por la confianza que la empresa tiene en el subcontratista respecto al cumplimiento de tiempos y calidad.

Hemos visto en los capítulos anteriores como el tiempo de ejecución de la obra tiene en definitiva un impacto económico en el proyecto, así como también las deficiencias de calidad, ya que implican en la mayoría de los casos multas o detracciones efectuadas por el comitente a la empresa.

Es por ello que se advierte la necesidad de efectuar una *completa* evaluación del costo del subcontrato, que incluya no solo la oferta presentada por el mismo, sino los efectos económicos que su performance tiene sobre el proyecto en general.

Lamentablemente un análisis de este tipo solo sería posible durante la ejecución de la obra, cuando las posibilidades reales de cambiar de subcontratista son escasas pues en la mayoría de los casos, los costos de "re –subcontratar" serían muchas veces superiores.

No es suficiente, como resulta evidente, la inclusión de multas en el subcontrato, pues aunque las mismas cubrieran la totalidad del costo de las aplicadas por el comitente a la empresa, el perjuicio ocasionado a la empresa por los mayores tiempos de ejecución sería difícilmente recuperable.

Hace falta entonces, que la empresa se asegure antes de formalizar el subcontrato, de las posibilidades reales que tiene el subcontratista de efectuar el trabajo en tiempo, así como también de la cantidad mínima de personal o escuadras para realizarlo.

Para subcontratos consistentes en una única actividad (pintura, colocación de pisos o revestimientos, etc.), el rendimiento diario de la mano de obra es un dato fácilmente obtenible de los estándares de producción.

Efectuando el cálculo a partir de las cantidades a realizar, los plazos disponibles, y el rendimiento medio, obtenemos el dato de la cantidad media de operarios que debe estar presente en la obra.

Por ejemplo:
Si se deben realizar 500 m2 de revestimiento de cerámicos en 20 días de trabajo, el cálculo efectuado será el siguiente:

Como la producción diaria de una escuadra formada por un oficial y un ayudante es de 19 m2/día, tenemos que 500 / 19 = 26 días > 20 días.

Este análisis se realiza con la finalidad de intervenir en el redacción del texto del subcontrato.

En este caso debemos incluir en el subcontrato que la presencia media en obra deberá ser al menos de tres operarios, pues hemos visto que de acuerdo a los estándares de la industria una escuadra de dos personas no podrían cumplir con los plazos.

Debemos también incluir en el contrato, que en caso de no contar con dicha presencia, la empresa se reserva la facultad de hacer intervenir operarios adicionales, cargando los mayores costos al subcontratista.

En definitiva, en la formalización del subcontrato, es de suma importancia "crearse los espacios" para intervenir durante la ejecución de los trabajos con el objeto de impedir que el ritmo de producción del subcontratista perjudique el ritmo de producción total del proyecto.

Recordemos que aun en los casos de subcontratos más complejos, la producción efectuada por el subcontratista será siempre evaluada mensualmente para la inclusión de la "producción pasiva de empresa" en los costos efectivos de la empresa. La producción total del subcontratista será por lo tanto un dato conocido y deberá ser comparado con las previsiones para determinar de esta manera posibles atrasos.

Una vez conocidos los datos de producción del subcontratista, podremos emplear las técnicas de control de gestión conocidas y aplicarlas a los datos del subcontrato para controlar los parámetros que nos interesan.

Como conclusión general podemos decir que cuanto más conocido sea para el dirigente de la empresa el "negocio" del subcontratista, es decir, cuanta más familiaridad se tenga respecto a la estructura de costos de la actividad y a los métodos de producción, más fácil será determinar con prontitud problemas de cumplimientos de plazos y relativos a la calidad.

Debemos recordar que la decisión de subcontratar una actividad responde únicamente a una evaluación económica-estratégica y que si bien de esta forma la empresa *transfiere parte del riesgo empresario* al subcontratista, no sucede lo mismo con la responsabilidad frente al comitente que permanecerá siempre completamente en el terreno de la empresa.

La planificación de la mano de obra

Por planificación de la mano de obra entendemos el proceso de programar la cantidad de operarios necesarios en cada momento, para la ejecución de la obra en los plazos contractuales.

Muy frecuentemente, al momento del inicio de la construcción de un nuevo proyecto, se asigna al mismo la cantidad de mano de obra disponible en ese momento en lugar de la necesaria para efectuar los trabajos programados. Esta situación puede verificarse incluso durante varias semanas hasta ser revertida.

Las consecuencias de este modo de proceder son que, en ausencia de un control periódico de la producción, pueden verificarse atrasos que serán posteriormente difíciles de recuperar.

La planificación de la mano de obra es un proceso que se lleva a cabo una vez adjudicada la obra.

Los documentos que son necesarios para iniciar la programación de la mano de obra son los siguientes:

- Programa de trabajos
- Estima analítica
- Estándares de mano de obra

El procedimiento consiste en:

Tomar las cantidades de cada unas de las tareas a realizar de acuerdo a nuestro programa de trabajos y a la estima analítica, y aplicarle los rendimientos medios de la mano de obra para la ejecución de dichas cantidades.

De esta manera obtendremos un total de horas necesarias para cada una de las tareas. Es conveniente a este punto realizar una reagrupación de las tareas a fin de simplificar los cálculos. Dicha reagrupación deberá respetar las distintas especialidades de operarios.

Una vez obtenidas los totales de horas necesarias, se las divide por la cantidad de horas a disposición que tenemos para ejecutarlas de acuerdo a nuestro plan de trabajos.

De esta forma obtendremos las cantidades mínimas de operarios necesarios.

Veamos un ejemplo sencillo:

Supongamos que debemos realizar las tareas descriptas en el plan de trabajos de la figura 5.5.

Plan de trabajos

Fig. 5.5

A partir de la estima analítica podemos obtener las cantidades que conforman cada una de las tareas descriptas en el plan de trabajos.

COMPUTO METRICO ESTIMATIVO		
OBRA:		
FECHA:		
	U.M.	Cantidad
Movimiento de suelos		
Excavacion de sotano	m3	1.500,00
Excavacion fundaciones	m3	36,00
Estructura de H°A°		
Fundaciones	m3	31,50
Vigas de fundacion	m3	14,40
Columnas	m3	8,40
Vigas	m3	42,00
Losas	m3	47,30
Mamposteria		
Mamposteria perimetral esp. 0.30 m	m3	84,00
Mamposteria interna esp. 0.10 m	m2	650,00

Fig. 5.6: Cómputo métrico obtenido a partir de la estima analítica

Luego de determinar las cantidades totales para cada una de las tareas que componen nuestro plan de trabajos, tenemos que aplicar a los mismos los rendimientos medios de la mano de obra, para calcular las horas totales necesarias. Los rendimientos medios de la mano de obra deberán ser estudiados de acuerdo a las características propias de la obra en análisis y a los métodos de trabajo empleados. A título ejemplificativo se suponen los siguientes rendimientos:

RENDIMIENTO DE LA MANO DE OBRA		
OBRA:		
FECHA:		
	U.M.	Rendimiento
Movimiento de suelos		
Excavacion de sotano	h/m3	0.02
Excavacion fundaciones	h/m3	0.02
Estructura de H°A°		
Fundaciones	h/m3	4,00
Vigas de fundacion	h/m3	5,00
Columnas	h/m3	12,50
Vigas	h/m3	15,44
Losas	h/m3	14,31
Mamposteria		
Mamposteria perimetral esp. 0.30 m	h/m3	5,00
Mamposteria interna esp. 0.10 m	h/m2	0,80

Fig. 5.7

En el caso de la excavación del sótano y de las fundaciones, supondremos que las mismas serán realizadas a máquina y con la asistencia de un ayudante en el terreno. Se supone un rendimiento total medio del excavador (incluidas las demoras) de 48 m3/hora. Por lo tanto tenemos que las incidencias del operador y el ayudante son 0.02 horas/m3.

Obtenemos entonces de multiplicar las dos tablas anteriores, la tabla con el total de horas necesarias para cada actividad. Observando de nuevo el plan de trabajos vemos que para cada una de las tareas, tenemos una cantidad determinada de días laborables a disposición. Hipotizando jornadas de trabajo de ocho horas obtenemos la cantidad de horas disponibles para realizar dichas tareas.

Excavación:	6 días	48 horas
Estructura de hormigón armado:	26 días	208 horas
Mamposterías:	23 días	184 horas

HORAS TOTALES NECESARIAS		
OBRA:		
FECHA:		
	U.M.	Total
Movimiento de suelos		
Excavacion de sotano	horas	30,00
Excavacion fundaciones	horas	0,72
Estructura de H°A°		
Fundaciones	horas	126,00
Vigas de fundacion	horas	72,00
Columnas	horas	105,00
Vigas	horas	648,48
Losas	horas	676,86
Mamposteria		
Mamposteria perimetral esp. 0.30 m	horas	420,00
Mamposteria interna esp. 0.10 m	horas	520,00

Fig. 5.8

Por lo tanto, de la división del total de las horas necesarias por las horas disponibles, resulta el número mínimo de operarios necesarios para ejecutar las tareas en los plazos estipulados:

Excavación: 1 operador excavador
                     1 ayudante

Estructura de hormigón:

8 operarios (1628.34 horas / 208 horas disp.)

Mamposterías:
5 operarios (940 horas / 184 horas disp.)

Una vez determinadas las cantidades de personal, podemos aplicarlas al plan de trabajos para de esta manera definir el justo momento en que necesitamos el personal en la obra. Tendremos de esta forma un *cronograma de mano de obra*.

Es evidente que por motivos organizativos de la obra, es siempre preferible uniformizar la cantidad de operarios presentes en la obra, (por ejemplo, para dimensionar la instalaciones de los operarios, seguridad, etc.) por lo tanto este cronograma de mano de obra, podrá utilizarse para redefinir el plan de trabajos con ese fin.

En el caso analizado, la determinación de la mano de obra fue realizada a fines de respetar los tiempos contractuales. Podrían emplearse iteraciones de este proceso para de esta forma encontrar la distribución de mano de obra más conveniente que a su vez satisfaga las condiciones de contrato en lo que respecta a los tiempos.

Como resultado final de un proceso de planificación de mano de obra de un proyecto completo, tendremos un cuadro como el que se muestra a continuación en la figura 5.9.

Construcciones XYsrl	PLANIFICACION DE MANO DE OBRA			
	Obra: Torre Alsina Codigo: 02034	Importe contrato: $ 243.897,89		
		Plazo de ejecucion: 150 dias		

	Marzo	Abril	Mayo	Junio
Carpinteros H°A°	4	4	2	0
Ayudantes H°A°	2	2	1	0
Albañiles	2	2	4	4
Ayudantes albañiles	1	1	2	2
Operador grua	1	1	1	1
Operador hormigonera	0	1	1	0
Capataz	1	1	1	1
Total	11	12	12	8

Fig. 5.9

La planificación de las compras y de los subcontratos

Como fue indicado en el Capítulo 2, a partir de la estima analítica puede determinarse la lista de materiales y recursos (lista de provisiones) a emplearse en el proyecto comprendiendo también las cantidades de cada uno de los elementos que la componen.

Partiendo de esta información, pueden generarse entonces las *órdenes* para la adquisición de los elementos antes mencionados.

Dependiendo de las dimensiones de la estructura organizativa de la empresa, el proceso de compras en las empresas constructoras puede tener ciertas variaciones.

En empresas de pequeñas dimensiones, la oficina técnica encargada de realizar la estima analítica, entrega al departamento de compras la lista de materiales para que la misma genere las *órdenes de compra* (PO- Purchase Orders) a los proveedores. En empresas de mayores dimensiones, la oficina técnica, partiendo de la lista de materiales, emite las *solicitudes de compra* (PR – Purchase Request) al departamento de compras, para que el mismo efectúe la elección del proveedor y emita finalmente la orden de compras.

Vemos en el gráfico de la figura 5.10, como tanto la solicitud de compras como la lista de los materiales constituyen documentos internos de la empresa, mientras que la orden de compras es un documento que se genera dentro de la empresa y es recibido por el proveedor.

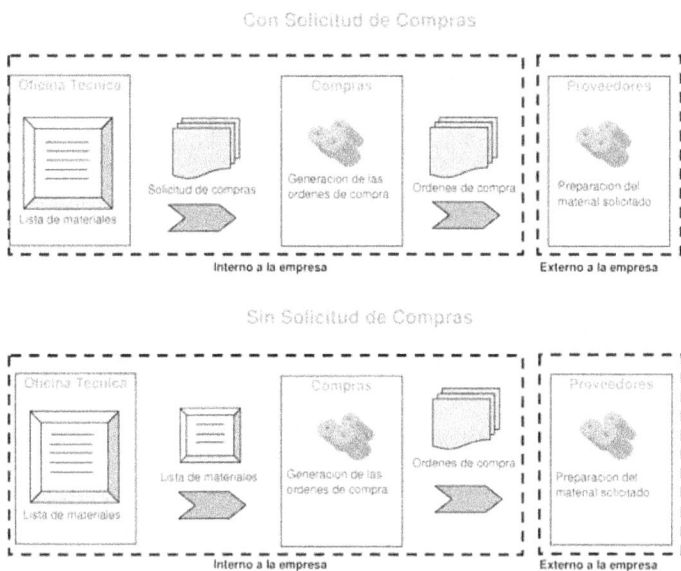

Fig. 5.10

Un proceso que comprenda la emisión de la *solicitud de compras* presupone que la oficina técnica deba realizar una completa descripción del material a comprar. Esta solución es particularmente adapta para casos en los cuales la empresa trabaje con una gran diversidad de materiales de características técnicas muy específicas o bien la estructura del departamento de compras sea relativamente pequeña respecto a la técnica. Contrariamente el proceso sin **solicitud de compras**, presupone una estructura de compras capaz de interpretar fácilmente la lista de materiales y las especificaciones técnicas de los pliegos de licitación.

Concentrémonos por un instante en las órdenes de compra, que constituyen el documento mediante el cual la empresa formaliza el pedido del material al proveedor.

Las mismas podrán ser:

- *Ordenes de compra cerradas*, es decir que se define sea el precio como la cantidad.
- *Ordenes de compra abiertas*, es decir que si bien queda definido el precio, no asi las cantidades. Estas resultan particularmente útiles cuando se trata de materiales recurrentes como por ejemplo cemento, arena, acero, etc.

La orden de compras debe contener la siguiente información:

- Número progresivo
- Código y nombre del proveedor
- Descripción del producto
- Cantidades ordenadas
- Precio unitario
- Modalidad de pago
- Plazo de entrega
- Modalidad de entrega (transporte, descarga en obra)
- Origen (número de PR si existiese o bien nombre de quien realizó el pedido)

- Referencia a otros documentos (gráficos / especificaciones técnicas)
- Firma del solicitante
- Firma del proveedor

Modelo de orden de compras

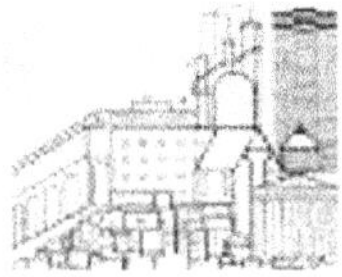

EDILMAR S.r.l. Empresa de construcciones Ciudad de la Paz 38 - 1426 B.A. Tel. 0461-9999999 Fax. 0461-99999999 Cuit: 99999999999	Orden de Compras Numero documento: Fecha:

Datos del proveedor:	Codigo del proveedor:
	Nombre del solicitante:
	Solicitud de compras numero:

Descripcion		
Descripcion	U.M	Cantidad

Plazo de entrega:	Modalidad de pago:
Firma del solicitante:	Firma del proveedor:

Fig. 5.11

Utilizando un sistema integrado de información, la orden de compras debe ser registrada luego de que la misma haya contado con la aceptación de la empresa y del proveedor. De esta manera, cuando llegan a la administración los remitos firmados por el responsable de obra, indicando el código de obra y fase, los mismos harán referencia a la orden de compras y por lo tanto la valorización del material ingresado en obra, resulta inmediata.

A este punto, el lector podrá preguntarse si no resultaría conveniente la asignación del código de obra y fase al momento de formular la orden de compras en lugar de esperar la llegada del remito.

La problemática que se encontraría siguiendo el procedimiento antedicho sería la siguiente:

Las *órdenes de compras abiertas* pueden ser utilizadas para la provisión de materiales en más de una obra, por lo tanto no sería posible asignar el código de obra.

Con las *órdenes de compras cerradas* esto podría realizarse ya que el destino de la mercadería es conocido. El problema consiste en el hecho que el responsable de la obra recibiría remitos a los cuales debería asignarle el código de obra y fase, y remitos a los cuales no es necesario. Esto podría significar un elemento que aporta confusión a todo el proceso.

Sería además contradictorio que el código de obra y fase sea asignado por una persona que no tiene la completa responsabilidad del uso del material ordenado. En este escenario el responsable de obra podría encontrarse con materiales registrados en su obra sin su conocimiento.

El proceso propuesto podría ser representado con el gráfico siguiente:

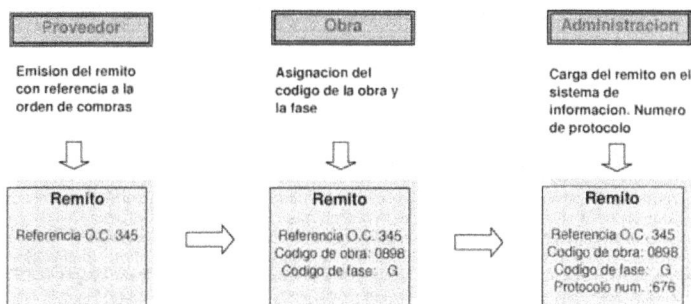

Proveedor	Obra	Administracion
Emision del remito con referencia a la orden de compras	Asignacion del codigo de la obra y la fase	Carga del remito en el sistema de informacion. Numero de protocolo

Remito	Remito	Remito
Referencia O.C. 345	Referencia O.C. 345 Codigo de obra: 0898 Codigo de fase: G	Referencia O.C. 345 Codigo de obra: 0898 Codigo de fase: G Protocolo num. :676

Fig. 5.12

Si en lugar de utilizar este proceso, se optara por esperar el registro de la factura, la consecuencia sería el retardo en la valorización de los costos y la consecuente incerteza respecto al margen de contribución que se está experimentando en el proyecto.

La empresa tiene absoluta necesidad de garantizar la calidad de los productos que adquiere, y que cuenten con las características requeridas por el comitente.

Por este motivo la misma debe poder demostrar que:

- Los materiales respetan las especificaciones técnicas del proyecto. Dichas características deben ser particularmente identificadas en los pliegos, en la normativa nacional/provincial, y en la documentación técnica del proyecto.
- Existe un documento relativo a la provisión del material que especifica dichas características al proveedor. Es decir que utiliza órdenes de compra que contienen todos los elementos necesarios para la completa descripción de los materiales.
- Los proveedores son idóneos y fueron seleccionados y evaluados cuidadosamente

- Desarrolla las actividades necesarias para comprobar que los productos especificados en las órdenes se correspondan efectivamente con aquellos entregados por el proveedor, y que los mismos son almacenados correctamente para su sucesiva utilización.

Con esta finalidad la empresa debe seleccionar los proveedores no solamente teniendo en cuenta los aspectos comerciales, sino evaluando también las garantías que brinda su modo de operar (por ejemplo certificaciones de sistema de calidad).

Como resulta evidente, la utilización de órdenes de compra aporta valiosas ventajas que podemos reagrupar en tres campos principales:

1. Control de costos de obra. Permite la reducción de tiempos en la determinación de los costos de los materiales ingresados a la obra, mediante la prevalorización de los precios unitarios de los mismos.

2. Calidad. Mediante la orden de compras documentamos el pasaje de información al proveedor de las características técnicas de los materiales solicitados, y por lo tanto realizamos una acción tendiente a garantizar la calidad de los productos adquiridos

3. Redacción de estimas. La orden de compras constituye un elemento histórico importante para la redacción de futuras estimas, ya que su registro permite una rápida consulta de precios, cantidades utilizadas y características técnicas de materiales utilizados en proyectos anteriores.

www.ingramcontent.com/pod-product-compliance
Lightning Source LLC
Chambersburg PA
CBHW060617200326
41521CB00007B/792